FACULTÉ DE DROIT DE PARIS.

# DE LA RESTITUTION

## DES MINEURS DE VINGT-CINQ ANS

EN DROIT ROMAIN.

# DES ACTIONS

## EN NULLITÉ POUR VICE DE FORMES

## ET EN RESCISION POUR LÉSION

### DES ACTES INTÉRESSANT LES MINEURS

EN DROIT FRANÇAIS.

THÈSE POUR LE DOCTORAT

PAR

**Stanislas MERKLEN**

**PARIS**

IMPRIMERIE MOQUET

11, RUE DES FOSSÉS SAINT-JACQUES, 11.

1875

FACULTÉ DE DROIT DE PARIS.

# DE LA RESTITUTION

## DES MINEURS DE VINGT-CINQ ANS

EN DROIT ROMAIN.

# DES ACTIONS

## EN NULLITÉ POUR VICE DE FORMES

## ET EN RESCISION POUR LÉSION

DES ACTES INTÉRESSANT LES MINEURS

EN DROIT FRANÇAIS.

## THÈSE POUR LE DOCTORAT

Soutenue le Jeudi 3 Juin 1875, à midi.

PAR

**Stanislas MERKLEN**

Président : M. LABBÉ, Professeur.

SUFFRAGANTS MM. VALETTE, DEMANTE, LEVEILLÉ, PROFESSEURS; GARSONNET, AGRÉGÉ

**PARIS**

IMPRIMERIE MOQUET

11, RUE DES FOSSÉS SAINT-JACQUES, 11.

1875

## DROIT ROMAIN.

# DE LA RESTITUTION

DES

## MINEURS DE VINGT-CINQ ANS.

### CHAPITRE PREMIER.

#### ORIGINE ET DÉVELOPPEMENT HISTORIQUE DE LA *RESTITUTIO MINORUM*.

1. — La *restitutio minorum* est d'institution prétorienne. Introduite dans le but de tempérer, pour le mineur de 25 ans l'application rigoureuse des règles du droit civil, elle vint s'ajouter aux mesures, trop insuffisantes, qui déjà protégeaient le mineur contre les dangers de toute espèce auxquels l'exposaient sa faiblesse et son inexpérience. Quelles étaient ces me-

sures, au moment de l'apparition de la *restitutio minorum ?* C'est une question qu'il faut examiner pour apprécier toute la portée de notre institution, pour étudier la situation nouvelle qu'elle fit au mineur. Mais auparavant, essayons de déterminer l'époque à laquelle parut notre *restitutio*.

2. — Cette époque, malheureusement, ne saurait être exactement précisée. Nous trouvons bien dans un fragment d'Ulpien que le Digeste a conservé (l. 1, § 1, IV, 4), les termes mêmes de l'édit qui accorda au mineur le bénéfice de l'*in integrum restitutio :* « Quod cum minore quam viginti quinque annis natu, gestum esse dicetur : uti quæque res erit, animadvertam. » Mais, de la date de cet édit, du préteur qui le proposa, il n'existe trace, ni dans le texte que je viens de citer, ni dans aucun autre. En l'absence de toute donnée certaine, quelques auteurs ont cru pouvoir s'appuyer sur les lois 45 *pr* et 16, § 1, Dig. IV, 4, pour soutenir que la *restitutio minorum* existait déjà à l'époque de Labéon et d'Ofilius, c'est-à-dire dans les derniers temps de la République romaine (1). Cela peut être vrai, mais que l'on puisse invoquer en faveur de cette opinion les lois 45 *pr.* et 16, § 1, je ne le crois pas.

Labéon, dit-on, connut la *restitutio minorum,* car il en fit l'application à l'*infans conceptus* : « Etiam ei qui prius quam nasceretur usucaptum amisit, *restituendam* actionem Labeo scribit. » (l. 45, *pr.*). Labéon, dans ce texte, accorde à l'*infans conceptus* une *restitutio in integrum,* mais le jurisconsulte

(1) Cette opinion a été enseignée par Hugo et par Biener.

a-t-il précisément en vue la *restitutio minorum*? Voilà qui n'est pas établi, et je serais, pour mon compte, bien plutôt tenté de croire qu'il s'agit ici de la *restitutio propter absentiam*, connue à l'époque de Labéon et parfaitement applicable à l'enfant simplement conçu. — L'argument que l'on a tiré de la loi 16, § 1, n'est pas plus décisif. Dans cette loi, Ulpien s'exprime ainsi : « Item relatum est apud Labeonem, si minor circumscriptus societatem coierit, vel donationis causa, nullam esse societatem, nec inter majores quidem : et ideo cessare partes Prætoris. Idem et Ofilius respondit; satis enim ipso jure munitus est. » Le texte fait une allusion évidente à la *restitutio minorum* ainsi qu'il résulte de ces mots : *et ideo cessare partes prætoris... satis enim ipso jure munitus est*; mais il n'en parle que pour la déclarer inapplicable à l'espèce prévue, pour bien établir que la société conclue par le *minor circumscriptus* est nulle selon le droit civil. Or, cette solution, Labéon et Ofilius ont pu la donner sans avoir aucune connaissance de la *restitutio minorum*, et dès lors, il est permis de se demander si les expressions signalées émanent de nos deux jurisconsultes, ou bien, si elles n'ont pas été plutôt ajoutées par Ulpien lui-même.

3. — Forcés d'abandonner les lois 16, § 1 et 45 *pr.* qui ne fournissent aucun renseignement précis, nous nous trouvons en présence de la loi 16, § 2, Dig. IV, 4, de laquelle il résulte que la *restitutio minorum* fut certainement connue du jurisconsulte Ariston, contemporain de Trajan. En parcourant les textes qui composent notre titre au Digeste, il est facile de remarquer que parmi les jurisconsultes dont l'autorité y est invoquée, Ariston est le plus ancien de ceux qui

mentionnent la *restitutio minorum* (1). Cette remarque est d'autant plus importante que, dans le titre VI au même livre, *ex quibus causis majores in integrum restituuntur,* on rapporte à tout instant l'opinion de jurisconsultes bien antérieurs à Ariston, notamment celles de Labéon et de Servius Sulpicius. (ll. 9, 13, § 1, 17, § 1, 22 § 2, 26 § 4). La différence que je viens de signaler entre nos deux titres, amène naturellement à penser que la *restitutio minorum* postérieure en date à toutes les autres *restitutiones,* vit le jour dans les années qui précédèrent immédiatement l'avènement de Trajan, ou dans les premiers temps du règne de ce prince. Cette opinion a été, en effet, adoptée par des auteurs recommandables (2), et seule, dans l'état actuel de la science, elle trouve quelque appui dans les textes.

4. — Ce fut donc vraisemblablement vers la fin du premier siècle de l'ère chrétienne que, pour la première fois, le préteur appliqua au mineur le bénéfice de l'*in integrum restitutio*. Quelle était à cette époque la situatien des mineurs? Comment la loi protégeait-elle contre les tiers et contre eux-mêmes, les impubères, d'une part, et de l'autre les *minores viginti quinque annis?*

Pour l'impubère, rien de plus simple. Il était capable, une fois sorti de l'*infantia,* de rendre seul sa condition meilleure, et dans cette limite, l'acte par lui passé, était valable selon le droit civil. Mais, dans

(1) Le jurisconsulte cité à la loi 24 § 2, à notre titre, est Q. Cervidius Scævola, le maître de Papinien. La loi 39, *eod.* est du même Scævola.

(2) V. notamment en ce sens, Burchardi: *Die Lehre der Wiedereinsetzung in den Vorigen Stand.* p. 210 à 217.

toutes les autres hypothèses, l'impubère était complètement incapable, et les actes passés par lui seul étaient frappés de nullité *ipso jure*. Quant au tuteur, ses attributions et ses pouvoirs étaient encore exactement déterminés par le droit civil; administrant le patrimoine de son pupille, soit en gérant lui-même, soit en interposant son *auctoritas*, les actes émanés de lui étaient irrévocables; ils liaient définitivement le mineur, pourvu qu'il ne s'agît pas d'actes interdits au tuteur (donations, affranchissements, etc.) et qui, passés par lui, eussent été nuls *ipso jure*.

5. — Quant au pubère, mineur de 25 ans, pleinement capable, dans le droit primitif, et par là même exposé à tous les dangers d'une majorité trop précoce, il fut, dès le milieu du VIe siècle de Rome, entouré par la loi *Lætoria* ou *Plætoria*, d'une protection particulière. La loi *Plætoria* était destinée non pas à restreindre la capacité du mineur de 25 ans (1); non pas même à le protéger contre la lésion, mais à le garantir contre la fraude, contre le dol. — Voici du reste quelles en étaient les dispositions.

En premier lieu, notre loi instituait contre celui qui s'était rendu coupable de dol, un *judicium publicum*, dont Cicéron parle à deux reprises différentes. (*De Officiis*, III, 15. *De Natura deorum*, III, 30). Ce *judicium publicum* entraînait contre la partie qui succombait des peines pécuniaires, l'inéligibilité aux fonctions municipales (Table d'Héraclée) et

(1) Cependant, s'il faut en croire Suétone, la loi Plætoria défendit au mineur de s'obliger par voie de stipulation: « Minor 25 annorum, dit-il, stipulari non potest. » — Et ailleurs: « Lætoria quæ vetat minorem annis 25 stipulari. » Ces deux passages sont rapportés par le grammairien Priscien.

peut-être aussi l'infamie. — De plus, la loi permettait au mineur, lorsqu'il avait été trompé, de s'opposer, par voie d'exception, à l'exécution de l'acte par lui passé, peut-être même de demander, par voie d'action, la réparation du préjudice qu'avait occasionné le dol de l'adversaire. L'action et l'exception fondées sur la loi Plætoria ne devait pas, pour des causes que j'indiquerai plus loin (1), subsister bien longtemps. Cependant on trouve encore, dans un fragment de Paul, la loi 7, § 1. Dig. XLIV, 1, une allusion, timide, il est vrai, à l'*exceptio legis Plætoriæ*. Le jurisconsulte, dans ce texte, énumère les exceptions *rei cohærentes*, et il range dans cette classe certaine exception accordée au mineur de vingt-cinq ans. « Rei, autem, cohærentes exceptiones, etiam fidejussoribus competunt, ut rei judicatæ, doli mali, jurisjurandi, etc. » Et le texte ajoute : « Idem dicitur et si pro filiofamilias contra senatusconsultum quis fidejusserit, *aut pro minore viginti quinque annis circumscripto*. Quod si deceptus sit in re, tunc nec ipse ante habet auxilium quam restitutus fuerit, nec fidejussori danda est. » Pour le mineur de vingt-cinq ans, on prévoit donc ici deux hypothèses : — ou bien il a été trompé (*circumscriptus*), et dans ce cas il peut opposer une exception qui appartient aussi au fidéjusseur ; — ou bien il a été lésé, sans qu'il y ait aucune fraude à imputer à la partie adverse (*deceptus in re*), et alors, ni le mineur, ni le fidéjusseur ne peuvent invoquer d'exception avant que la restitution n'ait été prononcée. Or, de quelle exception est-il

(1) Voy. § 7 ci-après.

neur en tutelle, le bénéfice de l'*in integrum restitutio.*

10. — En même temps, la situation des femmes mineures de 25 ans, subissait et pour les mêmes motifs une transformation identique. On leur accorda bientôt le secours prétorien de la restitution contre les actes préjudiciables passés par leurs tuteurs, et il est intéressant de remarquer à ce sujet que tous les textes qui, au Digeste, s'occupent de la restitution des femmes, émanent de jurisconsultes contemporains de Marc-Aurèle ou postérieurs à ce prince. On finit aussi par étendre la *restitutio minorum* aux *filii-familias*, sous des distinctions que j'indiquerai plus loin (§ 36). Mais cette nouvelle extension se produisit assez tard, car la théorie n'en fut nettement posée que dans deux constitutions de l'empereur Gordien, les lois 1 et 2 Code II, 23. Des textes d'Ulpien, de Paul et de Modestin (l. 3 § 4, 29 pr. 38 § 1. Dig. IV,4) posent il est vrai, le principe, mais d'une manière hésitante qui prouve bien que de leur temps ce point était encore controversé.

Ainsi, la *restitutio minorum* devenait une mesure générale, un privilége accordé à tous les mineurs de 25 ans, pouvant être invoqué par eux, dès qu'ils avaient été lésés et sans qu'ils eussent à justifier d'une faute imputable à leur inexpérience ou à l'entraînement de la jeunesse.

11. — Et maintenant que nous avons vu notre institution grandir, étudions quelques innovations qui vinrent restreindre ses cas d'application. Partout où le mineur est incapable d'agir, la restitution est inutile, et en effet, l'acte passé par un mineur incapable est nul *ipso jure*, c'est-à-dire inexistant et il est

superflu de faire tomber ce qui n'existe pas. Or, nous allons voir que deux innovations postérieures à Marc-Aurèle vinrent porter atteinte à la capacité du mineur de 25 ans, capacité qui, jusque-là était restée entière.

La première de ces innovations résulte du sénatusconsulte rendu sous Septime Sévère qui défendit l'aliénation, sans décret du préteur, des *prædia rustica vel suburbana* des pupilles et des mineurs de 25 ans (l. 1 § 2, Dig. XXVII, 9). Une aliénation faite contrairement aux dispositions du sénatusconsulte, soit par le tuteur ou curateur, soit par le mineur lui-même, était nulle de plein droit, indépendamment de toute lésion et sans qu'il fût besoin de recourir à la restitution.

La seconde de nos innovations est mise en lumière par la loi 3 du Code II, 22, constitution des empereurs Dioclétien et Maximin, dont voici les termes : « Si curatorem habens, minor viginti et quinque annis post pupillarem ætatem res vendidisti, hunc contractum servari non oportet : cum non absimilis ei habeatur minor curatorem habens, cui a prætore curatore dato, bonis interdictum est. Si vero sine curatore constitutus, contractum fecisti : implorare in integrum restitutionem, si necdum tempora præfinita excesserint, causa cognita, non prohiberis. » Sans m'occuper des nombreuses explications (1) proposées pour mettre ce texte d'accord avec la loi 101 Dig. XLV 1, je crois qu'il établit une différence profonde entre les mineurs pourvus d'un curateur permanent et ceux qui n'en avaient pas. Ces derniers avaient conservé toute leur

(1) Voy. sur ce point; Machelard *Obligations naturelles* 1re partie § 2 art. 4, et Demangeat *Droit romain*, II, p. 406.

capacité, les premiers au contraire, par suite d'une extension rationnelle donnée à la décision de Marc-Aurèle, étaient devenus incapables de faire leur condition pire sans le consentement de leur curateur. Il résulte de là, comme conséquence nécessaire, que les aliénations faites par les mineurs, sans l'assistance de leur curateur, ou les obligations contractées par eux, sortirent du domaine de la *restitutio minorum*, et c'est ce que dit en propres termes la constitution de Dioclétien qui n'admet la restitution que pour les actes émanés du mineur n'ayant pas de curateur permanent.

12. — J'ai signalé les diverses époques qui marquèrent dans l'histoire de la *restitutio minorum*, et maintenant, il me reste à faire de cette institution une étude plus approfondie. J'en examinerai successivement la nature, les conditions d'application, la procédure et les effets.

## CHAPITRE II.

### CARACTÈRE DE LA RESTITUTION PRÉTORIENNE. — CONTRE QUELS FAITS JURIDIQUES LA *restitutio minorum* PEUT ÊTRE PRONONCÉE

13. — M. de Savigny définit la restitution prétorienne « le rétablissement d'un état antérieur du droit, motivé par une opposition entre l'équité et le

droit rigoureux et opéré par la puissance du préteur qui change avec connaissance de cause un droit réellement acquis (1). » Ce qui caractérise cette restitution, c'est la latitude de pouvoir laissée au magistrat chargé de la prononcer. On l'a dit avec raison (2), le magistrat qui statue sur une demande en restitution rend une décision purement gracieuse; il ne juge pas, il commande, et son pouvoir d'appréciation ne trouve d'autre limite que l'équité elle-même. Il résulte de là que la partie qui demande la restitution n'y a jamais aucun droit, dans le sens strict du mot; elle ne peut la réclamer que comme un bénéfice, comme une faveur. Ainsi, en supposant réunies toutes les conditions exigées pour que la restitution soit possible, le préteur n'est pas encore tenu de l'accorder; il reste toujours maître d'apprécier si la restitution prononcée serait conforme ou contraire à l'équité, et de la rejeter dans ce dernier cas. — Tout ceci est confirmé par une foule de détails épars dans les textes.

14. — Et d'abord, remarquons ces expressions de la loi 24 § 5. Dig. IV, 4 : « Totum enim hoc pendet ex prætoris cognitione. » Puis ces mots de la loi 16. Dig. IV, 6 : « Totumque istud arbitrio prætoris temperabitur. » Les termes employés seraient évidemment impropres, s'il s'agissait, au profit de celui qui réclame la restitution, d'un droit véritable, dont l'effet ne pourrait assurément dépendre de l'*arbitrium prætoris*. — Des termes de ces deux lois rapprochons les expressions par lesquelles les textes caractérisent

(1) Savigny. Système, t. VII, p. 101.

(2) Burchardi. *Die Lehre der Wiedereinsetzung*, p. 40. Savigny, t. VII, p. 123.

l'*officium* du préteur accordant la restitution. Jamais alors il n'est question de *sententiam ferre* ou de *judicare*, mais les jurisconsultes disent : *magistratus intervenit, subvenit, succurrit, auxilium præbet ;* ou bien encore : *in integrum restitutio indulgetur, conceditur, decernitur, impetratur, largitur*, expressions qui, toutes, s'entendent d'une décision gracieuse du magistrat, mais qui ne conviennent nullement à la reconnaissance judiciaire d'un droit. — Consultons encore l'édit relatif à la *restitutio minorum*. Qu'y est-il dit? « Quod cum minore quam viginti quinque annis natu, gestum esse dicetur, uti quæque res erit animadvertam. » Le préteur réserve sa liberté d'action : il examinera chaque affaire en particulier et il accordera ou refusera la restitution, selon qu'il le jugera convenable. Le pouvoir d'appréciation du magistrat reste donc aussi complet que possible. — Enfin un dernier argument, plus direct et plus décisif, nous est fourni par la loi 26. Dig. L. 1, ainsi conçue : « Ea quæ magis imperii sunt quam jurisdictionis, magistratus municipalis facere non potest. Magistratibus municipalibus non permittitur in integrum restituere..... » Le magistrat municipal ne peut accorder l'*in integrum restitutio*, ce pouvoir n'appartient qu'au magistrat qui a l'*imperium :* voilà ce que décide le texte que je viens de rapporter. Or, si le droit de prononcer l'*in integrum restitutio* est un attribut de l'*imperium*, si la restitution ne peut être obtenue du magistrat chargé seulement de la *jurisdictio*, c'est assurément qu'elle ne peut faire l'objet d'un droit véritable, c'est encore que le magistrat chargé de la prononcer reste armé d'un pouvoir d'appréciation excessivement large, de ce pouvoir qui tient bien plutôt de la souveraineté que de la juridiction ordinaire.

15. — Après avoir mis en lumière ce caractère particulier de toute restitution prétorienne, voyons dans quels cas la restitution pour cause de minorité peut être prononcée.

A cet égard la généralité des termes de l'édit montre quelle est l'étendue d'application de notre institution. « Quodcunque cum minore viginti quinque annorum gestum esse dicetur, » dit le préteur, et, commentant ces mots, Ulpien ajoute dans la loi 7, *pr* Dig. IV, 4 : « Gestum sic accipimus, qualiter, qualiter; sive contractus sit, sive quid aliud contigit. » Le texte d'Ulpien contient ensuite l'énumération d'un certain nombre de cas de restitution, mais cette énumération est loin d'être complète. En parcourant les diverses lois relatives à ce sujet, on reconnait que la *restitutio minorum* est admissible :

16. — I. Contre toute espèce de prescriptions, et notamment contre l'usucapion accomplie au préjudice du mineur de 25 ans (arg. l. 45 *pr.* Dig. IV, 4), la prescription d'actions appartenant au mineur (l. 50, Dig. *eod.*) la perte des servitudes par le non usage, (arg. l. l. 1, § 1 et 23, § 2, Dig. IV, 6), la péremption d'instance et, en général, la perte de tous délais judiciaires (l. l. 8 et 36, Dig. IV, 4), enfin l'inaccomplissement dans le délai convenu de conditions apposées à un contrat, *lex commissoria*, *addictio in diem*, etc. (l. 38, Dig. *eod.*).

II. — Contre toute espèce de conventions créatrices ou extinctives d'obligations. Les textes appliquent notamment le principe, aux contrats de vente et d'échange, (ll. 7, § 1 et 8, 27 § 1, Dig. IV, 4), à la société (l. 7, § 1, *eod.*) au mandat (l. 48, *pr. eod.*) à la donation (ll. 1 et 2, Code II, 30) à la constitution de dot (l. 9, § 1, Dig. IV, 4), à la transaction (ll. 1 et 2, Code II, 32) au compromis (l. 34, § 1, Dig. IV, 4), à l'acceptilation (ll. 27, § 2, et 40, *pr.* Dig. *eod.*) à la novation (l. 27, § 3, l. 40, *pr.* l. 50, Dig. IV, 4(, à l'adrogation (l. 3, § 6, Dig. *eod.*) et à l'adoption (l. 6, § 1, Dig. XXXVII, 1).

III. — Contre les actes judiciaires (l. 7, § 4, Dig. IV, 4), la délation de serment (l. 9, § 4, Dig. XII, 2), l'aveu en justice (l. 6, § 1, Dig. XLII, 2), etc.

IV. — Contre l'acceptation ou la répudiation d'une hérédité ou d'un legs (ll. 7, § 5-10, 11, § 5, 29, § 2, 33, Dig. IV, 4).

V. — Enfin, contre les décisions judiciaires (ll. 17, 18, 20 § 1 et 42, Dig. IV, 4). Il faut remarquer à ce sujet que la restitution peut même être demandée et obtenue contre une première restitution. Cette solution est donnée dans deux hypothèses particulières (acceptation d'une hérédité et vente), par les lois 7, § 9 et 41, Dig. IV, 4, et rien n'empêche qu'elle soit généralisée.

17. — Dans le tableau présenté au paragraphe précédent tous les cas indiqués de restitution, ont un rapport plus ou moins étroit avec le patrimoine du mineur qu'il s'agit de restituer. On se tromperait cependant si l'on pensait que le mineur peut être restitué alors seulement qu'il y a lieu de garantir ses intérêts pécuniaires. La *restitutio minorum* est une mesure beaucoup plus large et plusieurs textes l'ap-

pliquent dans des hypothèses où la fortune du mineur n'est nullement engagée (1).

Ainsi, la loi 3, § 6, Dig. IV, 4, déjà citée, admet la restitution contre l'adrogation du mineur. L'adrogation, sans doute, intéresse au plus haut point la fortune du mineur, puisqu'elle la fait passer tout entière dans le patrimoine de l'adrogeant, mais il est certain que la restitution était admise contre cet acte, abstraction faite du préjudice matériel qui pouvait en résulter pour l'adrogé. On sait que les pontifes d'abord et plus tard les magistrats, furent chargés de vérifier si des raisons de convenance ou d'ordre public ne s'opposaient pas à l'adrogation demandée. Or, si malgré les précautions prises, une adrogation contraire à l'ordre public avait été prononcée au préjudice d'un mineur de 25 ans, ce dernier pouvait obtenir contre cet acte l'*in integrum restitutio*. — D'un autre côté, les fonctions d'arbitre n'emportent avec elles aucune perte pécuniaire et cependant Callistrate (l. 41, Dig. IV, 4), accorde au mineur de 25 ans, la restitution contre l'acceptation de pareilles fonctions. Qu'est-ce à dire, sinon que l'intérêt pécuniaire du mineur n'est pas seul pris en considération dans l'instance en restitution? — Enfin, un rescrit des empereurs Dioclétien et Maximin (l. 8, Cod. VII, 64) accorde au mineur le secours de la restitution contre sa nomination au décurionat. La dignité de décurion, par suite de la responsabilité qui en résultait pour le recouvrement des impôts, était une charge très lourde et à ce point de vue la restitution accordée au mineur nommé décurion, semble être une mesure destinée à garantir son

(1) Burchardi, p. 70 f. 82.

patrimoine. Le texte, cependant, prouve qu'ici encore la restitution était accordée indépendamment de toute idée de lésion matérielle et sur le seul fondement de l'inhabileté du mineur nommé décurion «... si inhabilem te ad decurionatus honorem perspexerit... iniquam nominationem removebit. »

Je pourrais multiplier les exemples, mais ceux qui précèdent suffisent pour établir que la restitution est appliquée même lorsque les intérêts pécuniaires du mineur ne sont pas en jeu, et que dans ces hypothèses, elle n'est pas sans utilité.

## CHAPITRE III.

### CONDITIONS DE LA RESTITUTIO MINORUM.

#### 1. Nécessité d'une lésion.

18. — La première condition requise pour que la *restitutio minorum* puisse être accordée est l'existence d'un préjudice souffert par le mineur qui la demande. La nécessité d'une lésion est indiquée par un grand nombre de textes et notamment par les lois 3 § 6, 7 § 3, 9 pr, et § 1, 11 § 3, 24 § 1, 44 et 49, Dig. IV, 4, d'après lesquelles le mineur, pour être restitué, doit se trouver *læsus, captus, deceptus, circumventus, circumscriptus ou damnum passus.*

19. — En quoi cette lésion doit-elle consister?

Tout d'abord, il y a lésion et par conséquent ouverture à restitution, au cas de diminution du patrimoine, le préjudice est ici évident. Mais que décider si le mineur, sans rien perdre de son patrimoine, a seulement négligé d'acquérir? Négliger d'augmenter son patrimoine, ce n'est pas, dans le sens propre du mot, faire une perte, subir un préjudice, et, tandis qu'une diminution de fortune est toujours pénible pour celui qu'elle atteint, on se console plus facilement, en général, d'avoir manqué une occasion de l'augmenter. Aussi les textes établissent-ils une différence entre ces deux espèces de lésions, la première étant en général plus facile à réparer que la seconde, comme le prouve la maxime: « Error juris non nocet damnum vitantibus, sed acquirere volentibus. » De là la question de savoir si, en matière de *restitutio minorum*, il faut faire une différence analogue, ou bien, au contraire, placer sur la même ligne les deux espèces de lésions.

20. — Plusieurs textes répondent à cette question. Voici d'abord la loi 7§6 Dig. IV 4 (Ulpien) ainsi conçue: « *Hodie* certo jure utimur ut, et in *lucro* minoribus succurratur. » En regard de cette loi je citerai un fragment de Paul, l. 27. Dig. IV, 6. applicable à toute restitution prétorienne: « Et sive quid amiserit, sive *lucratus* non sit, restitutio facienda est, etiam si non ex bonis quid amissum sit. » Les lois 7 § 8, 11 pr. 35 et 44 au même titre, toutes d'Ulpien, sauf la loi 35 qui appartient au jurisconsulte Hermogénien, donnent la même solution dans des espèces particulières; nul doute, par conséquent, qu'à l'époque de Paul, d'Ulpien et d'Hermogénien, la *restitutio minorum* ait été applicable, lorsque le mineur avait simplement négligé d'acquérir. Par exemple, si dans une vente aux enchères, l'offre du mineur a été couverte, il pourra obtenir la restitution, s'il prouve qu'il avait intérêt à

acquérir la chose vendue, et dans ce cas cependant, la lésion consiste uniquement dans l'abandon d'un gain (l. 35 Dig. IV, 4).

Toutefois, il n'est pas douteux que la doctrine présentée par nos jurisconsultes ait été, de leur temps, une doctrine nouvelle. L'édit prétorien ne faisait aucune mention du *lucrum*, il parlait seulement en termes généraux de la lésion, et de là était née une controverse tranchée par la jurisprudence dans le sens de la loi 7 § 6. Tout ceci est mis en lumière par la loi 17 § 3 Dig. XXII 1. Si, dit Paul, un débiteur n'a pu se libérer entre les mains de son créancier, parce que ce dernier était mineur non pourvu d'un tuteur, ou parce qu'il était absent, les intérêts moratoires ne pourront être réclamés : quelle faute en effet peut-on reprocher à celui qui n'a pu se libérer même s'il l'a voulu ? Et Paul ajoute : « nec simile videri potest quod *placuit* minoribus etiam in his succurri quæ non adquisierunt; usuræ enim non *propter lucrum petentium* sed propter moram non solventium infliguntur. » Que la question après avoir été controversée, ait reçu définitivement la solution indiquée par Paul, cela résulte avec évidence de l'expression *placuit* qui se trouve dans le texte.

21. — Remarquons sur ce dernier texte que le jurisconsulte n'admet pas la restitution au profit de celui qui a été dans l'impossibilité de recevoir son paiement, si la restitution tend à faire attribuer au créancier des intérêts moratoires : la perte des intérêts moratoires ne constitue pas alors refus d'acquérir un gain. Cette solution est dictée par un principe général applicable à toute *restitutio in integrum* et en vertu duquel la restitution doit être refusée chaque fois

qu'elle aurait pour résultat, tout en procurant un gain au demandeur d'occasionner un préjudice au défendeur. La restitution est, par excellence, un instrument d'équité, on ne pourrait l'employer dans un but injuste. Dans l'espèce prévue, le débiteur s'est trouvé dans l'impossibilité complète de se libérer; l'impossibilité ne provenait ni de sa faute, ni même de son fait, mais de la situation particulière dans laquelle se trouvait le créancier, et l'on voit combien il serait inéquitable de faire subir au débiteur les conséquences de cette situation, en mettant à sa charge des intérêts moratoires.

Les lois 11 § 7 et 34 pr. Dig. IV, 4 appliquent directement à la *restitutio minorum* la règle qui vient d'être posée, mais il faut bien se garder de l'étendre au delà de ses termes : elle est applicable au seul cas où la personne lésée a négligé de s'enrichir : « *lucri faciendi causa* ex alterius damno auxilium restitutionis non desideratur. » Si au contraire, le mineur se plaint d'une véritable diminution de patrimoine, il n'y a pas lieu de se préoccuper du préjudice que la restitution occasionnera au défendeur, sauf toutefois le cas où ce préjudice serait beaucoup plus considérable que celui éprouvé par le mineur (§ 56 bis).

22. — Pour que la restitution soit accordée, il n'est pas indispensable que la lésion soit déjà existante, il suffit qu'elle doive nécessairement se produire comme conséquence forcée de l'acte attaqué. Mais, dans les deux cas, le mineur doit prouver l'existence; d'une lésion présente ou à venir : la simple allégation d'un préjudice souffert ne suffirait pas pour faire rescinder les rapports de droit établis. « Sciendum est

non passim minoribus subveniri, sed causa cognita, si capti esse *proponantur.* » (l. 11, § 3, Dig. IV, 4,) et les lois 7, §§ 3 et 8, 35 et 44 à notre titre, posent le même principe. Le rescrit suivant de Marc-Aurèle, semblerait cependant devoir faire admettre que c'est à l'adversaire à établir l'absence de lésion : « Cum et ipse profitearis, cum Zenodora, minore viginti quinque annis, te contraxisse, res doceri potuisse Prætorem, virum clarissimum ex eo contractu locupletiorem eam esse factam, intelligis eam merito, in integrum restitutam. » (l. 1, Code II, 38. *Locupletiorem eam esse factam*... ces mots n'expriment pas un enrichissement proprement dit, ils désignent simplement un emploi utile de la chose, et c'est en ce sens que cette locution figure dans plusieurs textes, notamment dans les lois 34, *pr.* Dig. IV, 4 et 13, § 1, Dig. XII, 6 (1), Ceci posé, notre texte impose-t-il à l'adversaire l'obligation de prouver qu'il n'y a pas eu lésion? Ce serait, il faut bien en convenir, le renversement des règles en matière de preuves ; or, la loi 11, § 3, outre qu'elle n'est pas assez impérative pour faire admettre une solution aussi contraire aux principes généraux, peut très-bien être expliquée dans le système que j'ai adopté : d'après ce système, le texte suppose faite par le mineur la preuve de la lésion, tandis que l'adversaire n'est pas parvenu à démontrer que le mineur a fait un emploi utile des fonds provenus du contrat.

23. — La lésion exigée pour l'admission de la restitution doit-elle être considérable, ou bien suffit-il d'une lésion même peu importante? La plupart des

(1) Burchardi, p. 58.

auteurs se sont prononcés en faveur de la première opinion, ajoutant toutefois ce tempérament, que l'importance de la lésion doit se mesurer à l'importance de l'affaire engagée : cependant je crois, avec quelques interprètes, que le mineur peut être restitué quelque faible que soit le préjudice éprouvé, pourvu qu'il y ait préjudice (1). — Exiger une lésion considérable, ce serait en effet, sortir des termes de l'édit : « uti quæque res erit, animadvertam, » a dit le préteur, se réservant ainsi une complète liberté d'action. Or, je ne crois pas que dans la suite ce principe ait été changé. Sans doute, dans quelques hypothèses, la jurisprudence exigea qu'il y eût lésion considérable, le second système en convient, mais il considère en même temps, à la différence de l'opinion adverse que ces cas étaient limitativement déterminés, et qu'en dehors de ces hypothèses, le magistrat reprenait son pouvoir discrétionnaire.

24. Voici les cas dans lesquels une lésion considérable était certainement exigée. — I. Le gage du débiteur mineur a été vendu par le créancier gagiste, et le mineur demande la restitution non contre le créancier qui a vendu, car alors il n'y aurait pas à se préoccuper de l'importance du préjudice, mais contre l'acquéreur. La loi 9, *pr.* Dig. IV, 4, exige dans ce cas, un *grande damnum.* — II. Un pupille demande à être restitué contre une aliénation régulièrement faite par son tuteur ; le préjudice dont il se plaint doit encore être considérable (*grande damnum* (l. 49, Dig. IV, 4. — III. Il s'agit d'une vente faite au fisc et la restitution est

(1) La première opinion est enseignée par M. Accarias. *Précis de droit romain* T. I, p. 370. et par M. Vangerow, *Die Lehre der Pandekten*, T. I, p. 290. — Contra : Burchardi, p. 83.

poursuivie contre le fisc lui-même ; elle sera prononcée, mais à la condition que la vente ait eu lieu *pretio longe minore* (l. 1, Code II, 37). — IV. Enfin, un mineur veut obtenir la rescision d'une constitution de dot ou d'une *donatio propter nuptias*; il le pourra mais il devra encore justifier d'une lésion importante (l. 1, Code II, 30).

25. — Ces hypothèses étant posées, on a cru pouvoir généraliser en étendant à tous les cas possibles une règle écrite seulement pour certaines espèces particulières ; on a dit que la nécessité d'une lésion importante étant reconnue et universellement admise chez les Romains, il avait semblé inutile aux jurisconsultes d'en faire mention chaque fois qu'ils parlaient de la *restitutio minorum*. Ce raisonnement pourrait être exact si un petit détail de texte ne venait le détruire et en montrer l'inanité. Le texte dont je veux parler est précisément la loi 9 pr. Dig. IV. 4, qui s'occupe de la vente du gage du débiteur mineur : « Si ex causa judicati pignora minoris capta sunt et distracta, non restitutus sit adversus sententiam præsidis vel procuratoris Cæsaris : videndum an ea revocari debeant quæ distracta sunt, nam illud certum est pecuniam ex causa judicati solutam ei restituendam : sed interest ipsius corpora potius habere ; et puto interdum permittendum, id est, si grande damnum sit minoris. » Le *grande damnum*, dans ce texte, est exigé uniquement lorsque le mineur veut faire rentrer dans son patrimoine les objets vendus, lorsque, par conséquent, il agit contre l'acquéreur : si au contraire, il s'attaque au créancier gagiste, de qui émane l'aliénation, et cela dans le but d'obtenir une indemnité pécuniaire, il n'est plus question de *grandedam-*

*num*, toute lésion quelque petite qu'elle soit, suffit pour justifier sa demande: « illud *certum est*, pecuniam ex causa judicati solutam ei restituendam. » C'est cette dernière solution qu'il faut généraliser, car c'est elle qui forme la règle, le cas du préjudice considérable n'est que l'exception, comme l'indique le mot *interdum*, introduit à dessein dans le texte.

26. — Les partisans du système adverse ont invoqué en leur faveur la loi 24, § 1, Dig. IV. 4, ainsi conçue: « Non semper ea quæ cum minoribus geruntur, rescindenda sunt, sed ad bonum et æquum redigenda sunt, ne magno incommodo hujus ætatis homines afficiantur, nemine cum his contrahente... » L'argument que l'on a tiré de ce texte ne peut se soutenir, car il est facile de voir que les expressions *magno incommodo* ne se rapportent nullement à une lésion considérable exigée comme condition de la restitution. La loi 24 a pour but de recommander la prudence et la sagesse au magistrat chargé d'accorder la restitution et elle ajoute que si l'on accordait trop facilement ce bénéfice, on causerait aux mineurs de 25 ans un préjudice considérable puisqu'on leur ferait perdre tout crédit. De là à l'argument de l'opinion adverse, il y a loin et je ne vois pas comment les partisans de cette opinion ont pu songer à se faire une arme de la loi 24 § 1.

27. — Ainsi, que la lésion résulte d'une perte matérielle ou de la négligence apportée par le mineur à la réalisation d'un gain, que cette lésion soit ou non considérable, peu importe; dans tous ces cas, la restitution est possible, du moins en principe. Ces règles posées, il faut voir si la faute ou le dol des parties peuvent avoir quelque influence sur la restitution, lorsque

cette faute ou ce dol ont été la cause de la lésion dont le mineur se plaint. Et d'abord est-il nécessaire pour que la restitution soit admissible qu'il y ait eu dol de la part du tiers avec lequel le mineur a contracté?

On pourrait être tenté de le croire en présence de ces expressions, *capti, circumventi, circumscripti*, que les textes appliquent à tout instant aux mineurs restituables: ces mots semblent impliquer en effet une idée de fraude, mais elles se rapportent en réalité à la simple lésion. La condition essentielle, indispensable pour qu'il y ait lieu à restitution, c'est la lésion: si donc le mineur a éprouvé un préjudice, la restitution est admissible même en l'absence de manœuvres frauduleuses de la part de l'adversaire; au contraire, la fortune du mineur est-elle restée intacte, la restitution doit être écartée, alors même que la partie adverse aurait commis une fraude. (1). Ces deux points sont certains: les lois 9 § 4, Dig. XII, 2 et 7 § 1, Dig. XLIV. 1, sont de nature à faire disparaître toute hésitation à leur égard.

28. — Que décider maintenant au sujet du dol ou même de la simple faute du mineur lui-même? La lésion a été occasionnée par le dol ou la faute du mineur, la restitution pourra-t-elle être accordée malgré cette circonstance? — Chaque fois que, dans l'acte préjudiciable, il y a eu dol, ou en général délit de la part du mineur, la restitution lui est refusée. Tel est le principe posé par la loi 9 § 2 Dig. IV, 4 : « Placet in delictis minoribus non subveniri. » A titre d'exemple, ce texte cite le vol. La personne volée

(1) Wetzell, — *Adversus quem in integrum restitutio petatur*, p. 13. — Savigny T. VII, p. 120.

a contre le voleur, majeur ou mineur, l'action *furti* et la *condictio furtiva*, par lesquelles le voleur subit un préjudice, dans le cas surtout où il a dissipé ou perdu la chose volée; or, jamais le mineur ne pourra se faire restituer contre les conséquences du vol qu'il a commis. Toutefois, ajoute le texte, si le mineur a subi une condamnation au double ou au quadruple qu'il eût pu éviter en avouant sa faute ou en transigeant, il pourra obtenir la restitution contre la sentence. Cette dernière solution est logique, car alors le mineur est restitué contre un acte, contre une omission qui ne constitue pas dol de sa part.

29. — Au sujet du dol commis par le mineur, il est une hypothèse dont s'occupent spécialement les jurisconsultes; je veux parler du cas où le mineur, en contractant, a affirmé avoir atteint l'âge de sa majorité. Cette déclaration particulièrement grave à Rome, parce que les tiers ne pouvaient, le plus souvent, la contrôler, constituait un véritable dol de la part du mineur, et conformément au principe posé, la restitution ne pouvait être obtenue contre l'acte accompagné d'une pareille déclaration. (L. 43. Dig. IV, 4, et l. l. 1, 2, 3. Cod. II, 43). — Cependant cette décision doit être renfermée dans des limites équitables: si, par exemple, le mineur a ignoré lui-même son âge, la restitution sera parfaitement admissible; mais si, dans ce dernier cas, l'affirmation du mineur de bonne foi a été accompagnée de serment, la restitution lui sera encore refusée malgré sa bonne foi (l. 3, Cod. II, 43).

30. — Quant à la lésion produite par la simple faute du mineur, elle est toujours admise comme cause de restitution. Cela est, du reste, conforme au

but de l'institution, la théorie de la *restitutio minorum* ayant été créée précisément pour réparer les fautes que le mineur pourrait commettre par suite de sa légèreté et de son inexpérience. Ainsi, la restitution est admise, même lorsque la lésion résulte de circonstances que le mineur a dû ou pu prévoir au moment de l'acte (l. 4, Dig. XXVII, 6). De même, la restitution peut être accordée lorsque, après coup, le mineur a perdu, par sa faute, le profit qu'il avait retiré de l'acte attaqué; par exemple, il a vendu une chose moyennant un prix qu'il a touché, et qu'il a ensuite perdu, la vente pourra être rescindée (l. 24, § 4, Dig. IV, 4); il s'est obligé par voie de *mutuum*, mais il a dissipé les deniers empruntés, il pourra obtenir la restitution (l. 27, § 1, Dig. *eod.*); un débiteur s'est libéré entre les mains du mineur qui a fait un mauvais emploi des deniers touchés, la restitution sera encore accordée. (*V.* § 59 ci-après.) Enfin, le bénéfice de la restitution est accordé au mineur, même contre les conséquences d'actes illicites, pourvu qu'il n'ait à se reprocher aucun dol, et qu'il soit coupable d'une simple faute. J'ai indiqué déjà une application de ceci au § 28, à propos de la loi 9, § 2, Dig. IV, 4; d'autres exemples sont fournis par les lois 16, § 9, Dig. XXXIX, 4; 36 et 38, § 7, XLVIII, 5.

31. — Le préjudice peut avoir été occasionné par le dol ou par la faute du tuteur ou du curateur, sans que ni le tiers ni le mineur aient rien à se reprocher; ce fait a-t-il une influence sur la restitution? Indirectement, il est évidemment de nature à diminuer les chances de restitution, si la fortune des tuteur ou curateur est suffisante pour garantir le mineur. Mais en principe, et abstraction faite du recours contre le

tuteur, la restitution est admissible dans ce cas, sans aucune limitation.

32. — A côté de la lésion résultant d'une faute du mineur postérieure à l'acte incriminé, il faut placer la lésion occasionnée par cas fortuit. La règle à suivre dans ce cas, est indiquée par la loi 11 Dig. § 4 IV, 4 : « Item non restituitur qui sobrie rem suam administrans, occasione damni non inconsulto accidentis, sed fato, velit restitui, nec enim eventus damni restitutionem indulget, sed inconsulta facilitas. » — Le texte suppose bien une lésion; mais une lésion produite par un événement fortuit, et la restitution est alors impossible. On ne saurait méconnaître l'équité de cette solution : quelle que soit en effet la faveur due à la minorité, on ne peut renverser à son profit le principe éminemment juste en vertu duquel chacun supporte seul, le cas fortuit qui l'atteint et il serait vraiment trop arbitraire de mettre un préjudice occasionné par le hasard, seul et un hasard postérieur à l'acte incriminé, à la charge d'un tiers innocent et qui avait quelque raison de se croire à l'abri de toute atteinte.

33. — Les applications de notre règle sont nombreuses; j'en citerai deux seulement que me fournit la suite du texte.

Un mineur a acquis un esclave dont il avait un pressant besoin : le marché a été passé régulièrement et au moment même de l'acte, il n'existait aucune lésion au préjudice de l'acquéreur. Mais peu de temps après, l'esclave est mort par cas fortuit : Marcellus et après lui Ulpien décident sans hésiter que, malgré la lésion, le mineur ne pourra faire rescinder son acquisition.

Une hérédité opulente s'est ouverte au profit d'un mineur et ce dernier a fait adition, mais, postérieurement à l'adition, la plupart des valeurs composant l'actif héréditaire ont disparu : les maisons ont été détruites par le feu, les esclaves ont pris la fuite, les débiteurs sont devenus insolvables. Le mineur pourra-t-il obtenir la restitution contre son adition ? Julien résoud la question par l'affirmative, mais Marcellus, son annotateur n'admet pas cette solution qu'il considère avec raison comme erronée et il décide que dans ce cas la restitution ne peut être accordée. Cependant, si le mineur en faisant adition, a commis un acte imprudent, si, par exemple, l'hérédité ne se composait activement que de valeurs sujettes à dépérissement et que le passif fût d'ailleurs considérable, il n'y aurait aucun motif pour ne pas accorder la restitution : on peut dire alors que la lésion résulte de *l'inconsulta facilitas juventutis*.

34. — Voilà ce que j'avais à dire au sujet de la lésion occasionnée soit par le dol ou la faute des parties, soit par cas fortuit. Pour terminer cette étude de la lésion, considérée comme condition de la restitution, j'ai à parler d'une dernière règle qui est la suivante : la lésion pour donner ouverture à la restitution, doit atteindre le mineur personnellement ; qu'elle frappe toute autre personne le secours du préteur sera inadmissible. — Parcourons quelques espèces.

Le mineur a reçu mandat de gérer les affaires d'un tiers : la lésion occasionnée par le fait du mandataire retombe sur le mandant, et par application de notre principe, cette lésion ne peut être une cause de restitution. Le tiers, en effet, n'a qu'à s'en prendre à lui-même, d'avoir confié à un mineur le soin de ses intérêts. La décision et les motifs à l'appui sont nettement formulés par la loi 23, Dig. IV, 4. « Cum mandato patris, filiusfamilias res administraret, non habet beneficium restitutionis, nam *etsi alius ei mandasset, non succurreretur*,..... imputari debet hoc domino qui tali commisit sua negotia. » Cependant, si par le fait du mandat, le mineur devait éprouver un préjudice, si, par exemple, le mandant étant insolvable, le mandataire mineur ne pouvait obtenir le remboursement de ses déboursés, il se trouverait personnellement lésé, et la restitution lui serait accordée contre le tiers avec lequel il aurait traité (l. 23 *eod.*). — Il en est de même au cas d'une gestion d'affaires, entreprise par le mineur à l'insu du *dominus negotii*, si le préjudice causé donne ouverture contre le gérant à une action *negotiorum gestorum*, car ici le mineur subit encore une lésion personnelle (l. 24 *eod.*). Au surplus, ce dernier texte permet au maître de forcer le gérant d'affaire à lui céder son action en restitution, si le gérant ne veut pas l'exercer lui-même. — Enfin, que décider lorsqu'il s'agit d un mandant mineur et d'un mandataire majeur? La loi 23 à notre titre prévoit encore cette hypothèse : le mineur a-t-il un recours efficace contre son mandataire par l'action *mandati*, la restitution lui est refusée; au contraire, le bénéfice de la restitution lui est accordé, s'il ne peut obtenir réparation de son mandataire, soit parce que ce dernier est insolvable, soit parce que l'action *mandati* ne peut être intentée, le mandataire n'ayant commis aucune faute (1).

(1) La solution donnée au texte s'applique au cas où le mandataire est resté dans les limites du mandat ; s'il avait excédé ses pouvoirs, la solution serait différente (V. § 50).

35. — Notre règle s'applique aussi, sauf quelques modifications, aux actes passés par les esclaves et par les fils de famille mineurs.

L'esclave ne pouvant avoir de patrimoine propre n'éprouve jamais une lésion qui lui soit personnelle ; par suite il n'est jamais question pour lui de *restitutio minorum*. Ainsi le maître subit-il une lésion par le fait de son esclave, mineur de 25 ans, que la lésion provienne d'actions noxales ou d'actions *quod jussu*, *de peculio*, ou *de in rem verso*, *tributoriæ* ou *exercitoriæ* exercées contre le maître, la *restitutio minorum* lui est toujours refusée (l. 3, § 11, l. 4, Dig. IV, 4). La loi 5, Dig. au même titre semble admettre cependant une exception en décidant que la restitution est accordée à l'esclave mineur contre l'acte préjudiciable passé par lui, si au moment même de l'acte il avait dû être déjà affranchi en vertu d'un *fideicommissum libertatis*. Mais cette hypothèse même ne constitue pas une véritable exception, parce que la lésion atteint ici l'esclave lui-même : en cas d'affranchissement par fidéicommis, en effet, le maître est de plein droit en demeure du jour où il aurait dû accomplir la manumission et les effets de la manumission remontent au jour de la demeure (l. 26, § 1 et 7, Dig. XL, 5).

Qu'arriverait-il si la lésion provenant du fait d'un esclave majeur atteignait un maître mineur de 25 ans? S'agit-il d'une action noxale ou d'une action *de in rem verso*, la minorité du maître est sans aucune influence, le maître ne pourra demander la restitution pour éviter la lésion (V. § 40, ci-après) ; si, au contraire, l'action dirigée contre le maître est l'une des actions *quod jussu, de peculio tributoria* ou *exer-*

*citoria*, l'obligation du *dominus* naît d'un mandat indirect ou tacite donné par le maître à son esclave, et la restitution sera admise en vertu des règles applicables au mandat (§ 34).

36. — En ce qui concerne le fils de famille de 25 ans, il faut user de distinctions. Les pécules castrens et quasi-castrens du fils de famille constituent pour lui un patrimoine propre : la lésion qui atteint l'un de ces pécules, atteint donc le mineur lui-même et par suite, elle peut être réparée au moyen de la restitution (l. 3, § 10 Dig. IV, 4). Il faut en dire autant, dans le droit de Justinien, du pécule adventice (l. 8, § 6, Cod. VI, 61). Enfin le fils de famille n'étant pas, comme l'esclave, incapable de s'obliger, il faut l'admettre à réclamer la restitution chaque fois que, se trouvant personnellement obligé, il justifie de l'existence d'une lésion.

Il y a plus de difficultés lorsque la lésion consiste dans une diminution du pécule profectice ou lorsqu'elle résulte d'une obligation au paiement de laquelle le *paterfamilias* lui-même est tenu. Le pécule profectice appartient en droit au père de famille ; si donc nous supposons qu'une chose de ce pécule a été usucapée ou aliénée et qu'il y a dans l'aliénation ou dans l'usucapion une cause de préjudice, ce préjudice retombe directement sur le père, le fils ne peut se dire personnellement lésé et la *restitutio minorum* doit être refusée (arg. l. 23, pr. Dig. IV, 4). Quant aux obligations que le père est tenu d'acquitter par suite d'une action *de peculio, tributoria, de in rem verso ou quod jussu*, il y a lieu de considérer qu'elles obligent aussi le fils de famille. Ce dernier, s'il est lésé, peut donc ici obtenir la restitution (l. 3, § 4, Dig. IV, 4) ;

mais si le père a été poursuivi pour l'exécution de l'obligation, et s'il a acquitté la dette, le fils est libéré; il ne peut plus se plaindre d'aucune lésion et par suite la voie de la restitution lui est fermée.

37. — Sur tous ces points, les interprètes sont d'accord; mais la fin de la loi 3, § 4 a donné lieu à une controverse assez grave. S'occupant du *mutuum* contracté par le *filiusfamilias*, *jussu patris*, le texte dit : « Si filius conveniatur postulet auxilium, si patrem conveniat, auxilium cessat, excepta mutui datione : in hac enim, si jussu patris mutuam pecuniam accepit non adjuvatur. » Ces mots : *excepta mutui datione*, expriment évidemment, eu égard au *mutuum*, une exception, mais à quelle règle? Exception à la possibilité d'une restitution au profit du fils de famille, ont dit Cujas et après lui Burchardi et Puchta (1) c'est en effet de la restitution qu'il est question au texte, et le jurisconsulte déclare en termes généraux que le *mutuum* contracté par le fils, *jussu patris*, n'est pas susceptible de restitution au profit du fils : « *non adjuvatur*. » Cette interprétation a été vivement attaquée par M. de Savigny (2) dont l'argumentation savante tend à établir que le *mutuum* formé sur l'ordre du père, est comme tout autre acte intéressant le mineur, sujet à la restitution.

Entre ces deux opinions, il est difficile de choisir; car s'il est vrai que l'on ne peut, en raison, justifier la doctrine de Cujas et de Puchta, on ne voit pas trop comment celle de M. de Savigny expliquerait les textes. Le célèbre jurisconsulte propose d'abord de lire

(1) Burchardi, p. 239 et 218. — Puchta : *Vorlesungen*, p. 213
(2) Savigny, VII, app. XVIII.

ainsi la loi 3, § 1 *in fine* « ... in hac enim, si filius *non* jussu patris, mutuam pecuniam accepit, *adjuvatur,* » mais la phrase ainsi conçue nous ferait sortir complétement de l'ordre d'idées dans lequel se place Ulpien qui étudie uniquement les divers cas dans lesquels le fils s'est obligé *jussu patris.* Un autre moyen de sortir d'embarras, consisterait à trouver dans notre texte une allusion à l'*exceptio senatusconsulti Macedoniani,* mais cette explication est encore moins admissible, car elle arriverait à donner dans la même phrase et selon les besoins de la cause, deux sens différents à un même mot, le mot *auxilium.* Toutes ces licences prises avec le texte ne servent donc qu'à l'obscurcir, alors que par lui-même il semble présenter un sens parfaitement clair ; ce sens est au surplus corroboré par un rescrit de Gordien, la loi 2, Cod. II, 23, de laquelle on peut tirer un argument *a contrario* des plus sérieux en faveur de la première opinion.

38. — En raison des difficultés qu'éprouve M. de Savigny à expliquer les textes en question, je crois que pour le *mutuum* contracté par le *filius familias, jussu patris,* il ne faut tenir aucun compte de la lésion : l'acte est inattaquable. — Voici maintenant des hypothèses dans lesquelles la lésion est de nature à fonder une demande en restitution parce qu'elle atteint le fils personnellement. — Le droit romain admet la restitution contre l'adoption ou l'abrogation du mineur de 25 ans (§ 17) et en effet l'établissement de la puissance paternelle par l'un de ces deux modes peut être pour le mineur la cause d'un préjudice personnel. — De même encore le mineur est admis à se faire restituer quand il a renoncé à un legs dont il de-

vait recueillir le bénéfice après le décès de son père (l. 3, § 7, Dig. IV, 4), ou, quand institué héritier sous la condition d'obtenir son émancipation dans un temps déterminé, il a négligé de faire connaître la condition à son père. Dans les deux cas il y a lésion atteignant le mineur personnellement, et par conséquent l'admissibilité de la restitution ne peut être mise en doute. Il en serait tout autrement, si l'hérédité déférée au mineur sous une condition avait dû arriver au père; si la condition est défaillie par suite d'une négligence, la restitution est absolument refusée, car ici l'intérêt personnel du mineur n'est nullement engagé, (l. 38, § 1. Dig. IV, 4.) — Avec notre règle toutes ces décisions sont rigoureusement logiques.

39. — Cette règle explique encore un texte remarquable la loi 43, § 1, Dig. XXVI, 7. Lorsque, dit Paul, le curateur d'une femme mineure a promis au mari de cette dernière une dot supérieure à la fortune de la femme, et qu'il y a eu de la part du curateur soit dol, soit intention de donner, la restitution ne peut être obtenue, mais le curateur est tenu de compléter la dot de ses propres deniers. Si, au contraire, il a agi de bonne foi pensant que la fortune de la femme était suffisante, la femme est valablement obligée, elle ne peut forcer le curateur à verser le complément de la dot promise, mais elle doit s'obliger envers son mari à compléter elle-même la dot, dès que ses moyens le lui permettront. Dans la première hypothèse, le jurisconsulte a évidemment en vue une restitution (*curator non succurritur, prætor non subvenit*), restitution qu'il refuse parce que la lésion n'atteint pas la femme mineure personnellement. Dans le second cas au contraire, la femme est personnellement obligée,

c'est elle qui souffre un préjudice, aussi le secours de la restitution lui est-il accordé. La loi 43 § 1 ne le dit pas, il est vrai, mais la loi 9 § 1, Dig. IV, 4, est formelle à cet égard : « In dotis quoque modo mulieri subvenitur, si ultra vires patrimonii vel totum patrimonium circumscripta in dotem dederit. »

## CHAPITRE IV.

### CONDITIONS DE LA RESTITUTIO MINORUM.

#### I. La restitution est inadmissible lorsque le mineur est suffisamment protégé par le droit civil.

40. — En créant la *restitutio minorum*, le préteur avait voulu donner au mineur un moyen d'écarter la lésion occasionnée par l'application pure et simple des règles du droit civil ; mais ce but serait évidemment dépassé, si la restitution était admissible lorsque les ressources du droit civil lui-même suffisent pour arriver à la réparation du préjudice souffert. Dans ce dernier cas, l'intervention du magistrat ne se justifierait plus, car elle tendrait à supplanter le droit civil au lieu de le corriger ou de suppléer à son silence ; tout au moins le secours de droit prétorien ferait-il double emploi avec le secours de droit civil. De là cette condition, que la restitution ne peut être accordée qu'en l'absence de toute voie de droit

ou d'une voie équivalente. « Minor si communi auxilio et mero jure munitus sit, non debet ei tribui extraordinarium auxilium. » (L. 16, Pr., Dig. IV, 4). — La restitution apparaît donc comme un moyen subsidiaire ; mise à l'écart chaque fois que le droit civil protége efficacement le mineur, elle reparaît quand la protection du droit civil fait défaut. Nous allons voir, dans les paragraphes suivants, de nombreuses applications de cette idée.

41. — Tout d'abord, si l'acte attaqué est nul de plein droit, le mineur est, assurément, *ipso jure munitus*, et la restitution ne saurait lui être accordée. C'est ainsi que, dans la loi 16, § 1, Dig. IV, 4, Ulpien refuse la restitution au mineur qui a fait un contrat de société sous l'influence de manœuvres frauduleuses, ou dans l'intention de faire une donation. Dans ces deux cas, la société est nulle de plein droit, même entre parties majeures ; il suffit au mineur d'invoquer cette nullité (ll. 3, § 3 et 5, § 2, Dig. XVII, 2 ; l. 32, § 24, Dig. XXIV, 1). — De même, est nul de plein droit tout acte fait par un tuteur ou un curateur qui devait fournir la caution *rem pupilli salvam fore*, et qui ne l'a pas fournie (l. 4, Cod. II, 41, et l. 1, Cod. V, 41). — Le pupille est incapable de faire sa condition pire, sans l'*auctoritas* de son tuteur. Si donc le pupille a passé seul un acte par lequel il se trouve appauvri, cet acte n'a aucune valeur, il est nul, même en droit civil (l. 16, Pr., Dig. IV. 4.)(1). — Le mineur est incapable de faire une donation, soit entre-vifs, soit

(1) Même solution à partir de Dioclétien, pour le mineur de vingt-cinq ans, pourvu d'un curateur permanent, lorsqu'il a passé seul un acte de nature à rendre sa condition pire (§ 11).

*mortis causa* (l. 22, Dig. XXVI, 7). Une pareille donation, faite même par le tuteur, est encore nulle de plein droit. — Enfin, est nulle, *ipso jure*, toute aliénation faite contrairement aux dispositions du sénatusconsulte de Septime-Sévère, qu'elle émane du tuteur ou du curateur agissant seul, du pupille autorisé ou de l'adulte assisté de son curateur. — Dans tous les cas qui viennent d'être énumérés, la *restitutio minorum* est inadmissible, et la loi 16, § 2, Dig. IV, 4, résume en ces termes toute la théorie : « Et generaliter probandum est, ubi contractus non valet, pro certo prætorem se non debere interponere. »

42. — En second lieu, le mineur est protégé *ipso jure* et ne peut, par suite, se faire restituer, lorsque les conséquences juridiques qui devaient résulter d'un acte, d'un fait ou d'une omission, ne se sont pas produites à raison même de la minorité.

Avant Justinien, les *temporales præscriptiones* couraient indifféremment contre les mineurs et contre les majeurs, de sorte que le mineur avait un seul moyen pour écarter les conséquences d'une prescription de ce genre accomplie contre lui, l'*in integrum restitutio*. Justinien comprit qu'il valait mieux arrêter les effets d'une prescription temporaire que d'avoir à réparer le mal après coup : « melius est intacta eorum (minorum) jura servari quam post causam vulneratam, remedium quærere. » Aussi ce prince décida-t-il que les prescriptions temporaires ne couraient plus désormais contre les mineurs; ces derniers se trouvèrent donc ainsi protégés *ipso jure* (1) (l. 5, Code II, 41).

(1) La décision de Justinien étant uniquement relative aux prescriptions temporaires, on continua d'appliquer aux *præscriptiones*

La loi 10, *pr.* Dig. VIII, 6, fournit un exemple analogue. Ce texte suppose un fonds appartenant en commun à un majeur et à un pupille, fonds au profit duquel existe une servitude de passage : si aucun des deux copropriétaires n'a usé de la servitude pendant deux années, cette servitude est-elle éteinte par suite du non usage? Non, et en effet, le pupille a conservé un droit qu'il n'aurait pu aliéner qu'en suivant les conditions prescrites par le sénatusconsulte de Septime Sévère (1); quant au majeur il n'a pas lui non plus perdu son droit à la servitude, car les servitudes prédiales rurales étant indivisibles ne peuvent être éteintes pour l'un des copropriétaires par indivis, alors qu'elles subsistent pour l'autre. Et, remarquons-le, ce résultat se produit de plein droit, par la seule force du *jus civile*, et sans que ni le mineur, ni le majeur aient à invoquer l'*in integrum restitutio*.

43. — Enfin, le mineur est encore *ipso jure munitus*, toutes les fois qu'il existe à son profit une action ou une exception de droit civil, par lesquelles il peut ou bien écarter de lui toute lésion, ou bien se faire indemniser du préjudice éprouvé (l. 16, *pr.* Dig. IV, 4). Toutefois cette dernière proposition n'est pas aussi générale que les deux précédentes : elle souffre plusieurs exceptions.

*longissimi temporis* les principes de la restitution. (Voët ad Pandectas, IV, 4, § 20).

(1) La question, remarquons-le, est indépendante de celle de savoir si le droit classique prohibait déjà l'usucapion de tous les biens des pupilles. La solution donnée au texte ne s'applique, en effet, qu'à des choses dont l'aliénation est défendue par le sénatus consulte de Septime-Sévère et elle est fondée sur l'inaliénabilité de ces choses. Aussi faut-il, à mon sens, étendre cette solution même au pubère mineur de 25 ans.

I. — En premier lieu, lorsque l'acte préjudiciable donne ouverture tout à la fois à une action infamante, l'action de dol, par exemple, et à une demande en restitution, le mineur doit intenter cette dernière demande et il lui est interdit de poursuivre l'action infamante. Cette décision résulte de plusieurs textes, mais surtout de la loi 38, Dig. IV, 3. Voici l'espèce prévue : un débiteur, pour tromper son créancier, lui adresse une lettre qui semble émaner d'un tiers, lettre par laquelle le tiers donne mandat au créancier de libérer son débiteur ; la libération ayant été effectuée, la fraude est découverte. Comment le créancier obtiendra-t-il réparation ? Le texte décide que le créancier majeur de 25 ans aura à sa disposition l'action de dol, tandis que le créancier mineur devra se faire restituer. Or, pourquoi l'action de dol accordée au majeur est-elle refusée au mineur ? C'est que le mineur a à sa disposition l'*in integrum restitutio*, aussi avantageuse pour lui que l'action de dol, et l'on veut éviter au défendeur l'infamie, cette conséquence particulièrement grave de l'action *de dolo*.

44. — II. — Il existe des hypothèses très nombreuses, dans lesquelles le mineur peut, en cas de lésion, exercer un recours contre son tuteur ou contre son curateur. Si, dans ces hypothèses, les tuteurs et curateurs sont insolvables, le recours contre eux n'aura pas d'efficacité, et le mineur sera bien forcé de s'en prendre aux tiers, par la voie de l'*in integrum restitutio*. Si, au contraire, le tuteur est solvable, le mineur a, à sa disposition, d'abord l'action *tutelæ* contre le tuteur, ensuite la restitution contre les tiers ; peut-il faire valoir indifféremment l'un ou l'autre de ces moyens, ou bien doit-il se servir de l'un plutôt que de

l'autre? D'après notre règle, il devrait nécessairement exercer le recours contre le tuteur, et la restitution qui est le moyen subsidiaire, serait inadmissible. Mais cette solution est-elle exacte? est-elle surtout conforme aux textes? La question n'est pas sans importance, car donner au mineur un choix sans réserve entre les deux actions, ce serait, peut-être, porter à son crédit une atteinte assez grave; les tiers, en effet, consentiraient difficilement à traiter avec les tuteurs et curateurs, si le contrat à intervenir devait être sujet à rescision, au gré du mineur, dans le cas d'une lésion, même si petite qu'elle fût.

45.—Se basant sur ce motif d'intérêt, quelques interprètes pensent qu'il faut établir une distinction : la restitution ne présente-t-elle pour le mineur aucun avantage particulier, elle doit être repoussée et le mineur se fera indemniser par ses tuteur ou curateur; au contraire, le mineur a-t-il intérêt à obtenir la restitution, il pourra laisser de côté le recours contre son tuteur et faire rescinder l'acte dont il se plaint. — Ainsi, pour employer les exemples cités, le tuteur a touché une créance pour le compte de son pupille, mais il a dissipé les fonds : si le tuteur est solvable, le mineur n'a aucun intérêt à s'attaquer à son ancien débiteur plutôt qu'à son tuteur, car il lui importe peu de recevoir son paiement de l'un plutôt que de l'autre; donc, la voie de la restitution lui sera fermée.—Au contraire, une aliénation d'immeuble, permise par la loi, a été mal faite par le tuteur, le mineur peut avoir intérêt à recouvrer la chose aliénée en nature, et alors il obtiendra la restitution contre l'acquéreur.

Ce dernier cas est précisément celui prévu par un fragment de Scævola, la loi 39, § 1, Dig. IV, 4. Le curateur d'un mineur a vendu un fonds appartenant à ce dernier; l'acquéreur a possédé l'immeuble pendant près de six années et l'a de beaucoup amélioré; le curateur étant solvable, le mineur pourra-t-il, en cas de lésion, faire rescinder la vente? La question est ici nettement posée; or, voici ce que répond le jurisconsulte : « Respondi, ex omnibus quæ proponerentur, vix esse eum restituendum : nisi si maluerit omnes expensas, quas bona fide emptor fecisse adprobaverit ei præstare, maxime cum sit ei paratum promptum auxilium, curatoribus ejus idoneis constitutis. » La restitution est admise difficilement dans l'hypothèse prévue; mais pourquoi? Parce qu'elle ferait subir à l'acquéreur un préjudice considérable, et qu'alors s'appliquerait la règle développée au paragraphe 21, « lucri faciendi gratia, ex alterius damno auxilium restitutionis non desideratur. » Si, au contraire, nous supposons que l'acquéreur n'a fait aucune dépense sur l'immeuble, ou que le mineur consente à rembourser les dépenses faites, le texte admet la restitution contre l'acquéreur, et cela malgré la solvabilité du tuteur et la possibilité d'un recours contre lui. — Dans le système dont je m'occupe, on suppose que le mineur avait au moins un intérêt d'affection à faire rentrer en nature, dans son patrimoine, l'immeuble aliéné.

46. — Ce système répond assurément *aux exigences de l'équité* et il est conforme *aux vrais principes du crédit public*. Malheureusement il ne trouve aucun appui dans les textes, et la distinction qu'il propose doit, pour ce motif, être repoussée. Je trouve, en effet, au Code, deux lois qui laissent au mineur la liberté absolue d'agir soit par voie de recours contre son tuteur, soit par voie de demande en resti-

tution. La première de ces lois (l. 3, Cod. II, 25) s'exprime ainsi : « Etiam in his quæ minorum tutores vel curatores male gessisse probari possunt : licet personali actione a tutore vel curatore jus suum consequi possint, in integrum tamen restitutionis auxilium eisdem minoribus dari jampridem placuit. » La loi 5, au même titre, n'est pas moins explicite : « Etiam tutoribus vel curatoribus distrahentibus vel alias contrahentibus, minores tam restitui rebus propriis, quam tutorum vel curatorum damna sequi, nullo eis præjudicio, per electionem generando placuit. »

Bien loin de faire la distinction indiquée par l'opinion adverse, ces textes présentent une doctrine générale, applicable à tous les cas. La loi 30, § 1, Dig. IV, 4, elle même ne distingue pas, et rien ne prouve que la solution proposée par elle soit admissible au cas où le mineur n'aurait aucun intérêt, même d'affection, à obtenir une restitution en nature. De plus, l'équité trouve une satisfaction suffisante dans le recours laissé aux tiers contre les tuteurs ou curateurs du mineur restitué, et surtout dans l'appréciation souveraine du magistrat, toujours libre de refuser la restitution demandée (l. 24, § 1, Dig. IV, 4).

De tout cela il résulte que l'*in integrum restitutio* est possible, en principe, même quand le mineur peut exercer un recours contre ses tuteurs et curateurs, et bien que dans ces hypothèses il se trouve *ipso jure munitus* : seconde exception au principe posé au commencement du paragraphe.

47. — III. — Une autre exception résulte de la loi 10 § 2, Dig. IV, 4. Ce texte prévoit l'espèce suivante : un testateur a légué à sa nièce plusieurs objets, sous la condition qu'ils seraient restitués à l'héritier du tes-

tateur, si la légataire venait à décéder sans enfant. Or, l'héritier étant décédé avant la légataire, cette dernière a fourni à l'héritier de cet héritier la *cautio legatorum servandorum causa*, pour garantir la restitution des objets légués. Comme cependant, en vertu des principes généraux en matière de legs, l'obligation de restituer, imposée à la légataire, s'est éteinte par le fait du décès de l'héritier, Ariston décide que la légataire mineure, pour faire tomber la *cautio* pourra obtenir l'*in integrum restitutio*. Et le texte continue : « Sed et illud Pomponius adjicit, quod potuit incerti condici hæc cautio etiam a majore ; non enim ipso jure, sed per condictionem munita est. » Pomponius admet donc, à la différence d'Ariston, que le mineur peut indifféremment demander la restitution ou intenter la *condictio incerti*, tandis que ce dernier moyen serait en pareil cas la seule ressource du majeur. Voici donc une hypothèse dans laquelle la restitution est encore admise bien que le mineur ait à sa disposition un autre moyen de droit pour se faire indemniser.

48. — La solution indiquée au paragraphe qui précède est certaine, mais, pour expliquer cette solution, les interprètes sont loin d'être d'accord. — Le motif de la loi 16, § 2, a-t-on dit, est indiqué à la fin du texte : « non enim ipso jure, sed per condictionem munita est. » La *condictio* par laquelle le mineur peut faire tomber la *cautio* dans l'hypothèse indiquée n'est donc pas, selon Pomponius, un de ces moyens qui garantissent le mineur *ipso jure*. Lorsqu'un mineur peut revendiquer directement la chose sortie de son patrimoine, il est assurément *ipso jure munitus* ; la *condictio* au contraire, tend à la résolution, à la resci-

sion d'une acquisition valablement faite par le défendeur, c'est une restitution civile, et entre cette dernière restitution et la restitution prétorienne, il n'y a aucun motif de préférence. — Telle est l'explication, peut-être un peu hardie, donnée par quelques auteurs (1). D'autres n'ont vu dans la loi 16, § 2, qu'une disposition de faveur, introduite dans l'intérêt du mineur. La *condictio incerti*, en effet, offre au mineur, une protection bien moins complète, bien moins sûre que la restitution, car, pour faire disparaître l'acte au moyen de la *condictio*, il faut passer par les formes longues et compliquées d'un procès qui, sous l'empire du système formulaire, ne peut aboutir qu'à une condamnation pécuniaire; n'est-il pas, pour le mineur, bien plus avantageux, d'obtenir immédiatement la restitution? Ce serait en raison de ces avantages que la jurisprudence aurait laissé au mineur le choix entre les deux moyens d'action.

## CHAPITRE V.

### CONDITIONS DE LA RESTITUTIO MINORUM.

**III. La restitution est inadmissible lorsqu'il n'y a aucun rapport de causalité entre la lésion et l'état de minorité de la personne lésée.**

40. — Comparée à celle du majeur, la condition du mineur apparaît comme inférieure à un double point

(1) Burchardi, p. 105. — Gluck *System*, p. 123. — Vangerow, I. 303.

de vue. D'une part, en effet, le mineur, lorsqu'il traite seul, est exposé, par suite de sa faiblesse et de son inexpérience, à bien des dangers, et, d'autre part, il est forcé, le plus souvent, de laisser l'administration de son patrimoine aux mains de personnes étrangères, quelquefois inhabiles et même mal intentionnées. Le but de la *restitutio minorum*, c'est de parer à ce double danger : mais là doit s'arrêter le secours du préteur. En créant notre restitution, le législateur romain a voulu relever le mineur des conséquences nécessaires de sa minorité, il n'a pas voulu créer, à son profit, un avantage exorbitant ; aussi la *restitutio minorum* doit-elle être refusée chaque fois que la lésion n'a aucun rapport direct ou indirect avec la minorité ; chaque fois que, dans des circonstances analogues, la lésion eût forcément atteint le majeur lui-même (1).

Les jurisconsultes, en parlant de cette condition de la *restitutio minorum*, disent que la restitution ne peut être accordée lorsque le mineur « jure communi usus est. » Cette expression se trouve dans plusieurs textes (l. 51, § 4, Dig. XLVI, 1 ; 12, Dig. IV, 4), et notamment dans la loi 9, Cod. II, 22, qui pose le principe : « Non videtur circumscriptus esse minor qui jure sit usus communi. » Dans la pensée des jurisconsultes, le mineur *jure utitur communi*, lorsque la lésion dont il se plaint eût atteint tout autre que lui, lorsque le majeur même n'eût pu éviter cette lésion, malgré sa prudence plus grande et son expérience

(1) « Pour que la restitution soit possible, dit M. de Savigny (p. 136), il faut qu'il existe un rapport de causalité entre l'état spécial de la partie lésée, motif de la restitution, et la lésion éprouvée. »

consommée. — Signalons quelques applications de notre règle.

50. — Lorsqu'un tiers a traité pour le compte d'un mineur, en qualité de *negotiorum gestor*, et que, par suite du contrat intervenu, le mineur s'est trouvé lésé, la lésion, assurément, n'a aucun rapport, soit direct, soit indirect, avec la minorité du maître de l'affaire : le mineur a subi une perte à laquelle toute personne majeure se fût trouvée exposée dans des circonstances identiques. Aussi, la *restitutio minorum* est-elle refusée, le mineur ne peut se faire indemniser que par le moyen de l'action *negotiorum gestorum*, conformément aux principes du droit commun (l. 46, Dig. IV, 4). La loi 23, au même titre, nous conduit à une solution analogue, dans l'hypothèse d'un mandat conféré par le mineur, lorsque le mandataire a excédé ses pouvoirs. « Si autem ipse dominus minor sit, procurator vero majoris ætatis, non potest facile dominus audiri, nisi si mandatu ejus gestum erit, nec a procuratore servari res possit. » La lésion occasionnée par le mandataire qui a agi *præter vel contra mandatum*, peut atteindre le majeur aussi bien que le mineur : ce dernier ne peut prétendre qu'il est victime de son inexpérience ou de son incapacité légale. Si, au contraire, le mandataire s'est borné à suivre les inspirations, les ordres de son mandant, celui-ci est censé avoir agi lui-même, et la restitution sera parfaitement admissible (§ 34).

51. — Par application des mêmes principes, il ne peut être question de *restitutio minorum* contre un acte passé par un majeur, lorsque ce majeur est décédé laissant un héritier mineur (l. 38, pr., Dig. IV, 4; l. 2, Cod. II, 20). Quelque grande que soit, dans ce

cas, la lésion, il n'y a aucun rapport entre elle et la minorité de l'héritier : l'âge de ce dernier n'est pour rien dans le préjudice qu'il subit. — Il faudrait décider tout autrement si l'acte en question était devenu lésif après l'adition d'hérédité, et par suite d'actes ou d'omissions émanés du mineur ou de ses représentants : la restitution pourrait alors être admise pour réparer la lésion résultant de ces actes ou de ces omissions. Deux exemples tirés des textes justifieront cette solution.

Voici d'abord une espèce prévue par la loi 38, *pr.*, Dig. IV, 4. Un majeur a vendu un immeuble sous la condition résolutoire que la vente serait nulle de plein droit si le prix n'était pas payé dans un délai déterminé. Avant l'arrivée de la condition, le vendeur est décédé, laissant pour héritière une fille mineure, et les tuteurs de l'héritière ont laissé défaillir la condition apposée au contrat. La vente étant ainsi devenue nulle de plein droit, on demande si l'héritière mineure peut se faire restituer? Le préteur, le préfet de la ville, et après eux le jurisconsulte Paul, décidèrent, dans l'espèce, qu'il n'y avait pas lieu d'accorder la restitution, parce que le contrat émanait du père et non de l'héritière, « quod pater ejus, non ipsa contraxerat. » Cependant l'opinion de Paul était erronée, et l'empereur Alexandre Sévère sut bien le reconnaître. La fille mineure, en effet, ne demandait pas à être restituée contre l'acquisition faite par son auteur, acquisition qu'elle cherchait, au contraire, à faire maintenir, mais elle demandait la restitution contre les conséquences d'une négligence de son tuteur, qui avait laissé défaillir la condition L'opinion d'Alexandre Sévère est seule conforme aux principes.

Les mêmes motifs expliquent cette autre décision donnée par Paul au liv. I, tit. IX, § 8 de ses sentences : « Minor adversus distractiones eorum pignorum et fiduciarum quas pater obligaverat, si non ita ut oportuit a creditore distractæ sint, restitui in integrum potest. » La restitution est admise, mais contre les conséquences de faits ou d'omissions postérieurs à l'adition de l'hérédité, puisqu'il dépendait du mineur ou de son représentant d'empêcher une vente défavorable. — Au surplus, les principes relatifs à la restitution contre l'acquéreur d'un gage, furent changés par Dioclétien ; cette restitution, vue en général avec défaveur (§ 24) fut complètement interdite au cas de vente d'un gage constitué par une personne majeure et dont la propriété avait été transmise à un héritier mineur (L. 2, Cod. II, 29). Le mineur dut se contenter alors du recours contre le créancier gagiste qui avait aliéné d'une façon préjudiciable, ou contre le tuteur négligent qui n'avait pas su empêcher une pareille aliénation.

52. — Je rappelle ici que la restitution est inadmissible lorsque la lésion s'est produite après coup et par suite d'un événement fortuit (§ 32). Dans ce cas, le préjudice est encore tout à fait indépendant de la minorité, et c'est pour ce motif qu'il ne peut donner lieu à restitution. — On peut voir une application de cette idée dans la loi 51, § 4. Dig. XLVI, 1. Les fidéjusseurs du débiteur d'un mineur ont fait diviser la dette entre eux ; si plus tard l'un des fidéjusseurs devient insolvable, le mineur ne pourra obtenir la restitution contre la division opérée, mais il devra supporter personnellement la perte, parce que, dit le texte, « jure communi usus est. » La lésion, remar-

quons-le bien, n'existait pas au moment de la division, elle s'est produite après coup, par un événement fortuit qu'une personne même majeure n'eût pu éviter.

53. — En terminant l'étude de cette troisième condition de la restitution des mineurs, je dois faire une remarque au sujet de la loi 12. Dig. IV, 4. Il est question dans ce texte d'une femme qui s'est obligée par voie de novation pour le débiteur d'un mineur : poursuivie par le mineur, elle oppose l'exception du sénatus-consulte Velléien. On décide que le mineur ne peut se faire restituer dans le but d'exercer son action contre la femme « quia communi jure in priorem debitorem ei actio restituitur. » Il semblerait au premier abord que la restitution est impossible, parce que la lésion existant dans ce cas eût nécessairement atteint toute autre personne; il n'en est rien cependant, et un examen attentif du texte conduit à penser que les mots « jure utitur communi » sont ici synonymes de ceux-ci : « ipso jure munitus est. » Si la restitution est inadmissible, c'est parce que, d'après le droit commun, le mineur a conservé son action contre le débiteur primitif, et qu'il est ainsi suffisamment protégé. Du reste, la fin du texte confirme cette interprétation, car elle admet qu'au cas d'insolvabilité du débiteur primitif l'*exceptio senatusconsulti Velleiani* serait paralysé, ce qui ne pourrait se produire si le refus de restitution était fondé sur le premier motif indiqué.

# CHAPITRE VI.

## CAS EXCEPTIONNELS DANS LESQUELS LA RESTITUTION NE PEUT ÊTRE OBTENUE.

54. — Il existe un certain nombre de cas dans lesquels le mineur, bien que n'ayant à sa disposition aucun moyen de droit pour arriver à la réparation du préjudice souffert par suite de sa minorité, ne peut cependant obtenir la restitution. Avant d'énumérer ces cas exceptionnels, il n'est pas sans importance de se bien fixer au sujet d'un acte que l'on pourrait être tenté de faire rentrer dans notre énumération. L'aliénation de l'immeuble du mineur, faite contrairement aux dispositions du sénatusconsulte de Septime Sévère, est nulle *ipso jure*; mais si les formalités ont été remplies, si le décret du juge a été obtenu, la restitution est-elle possible contre l'aliénation? Oui, sans aucun doute (l. 11, Cod. V., 71). Bonne ou mauvaise, cette solution n'en est pas moins certaine en droit romain. Le législateur a pensé que l'accomplissement des formalités prescrites par le sénatusconsulte n'était pas de nature à faire disparaître pour le mineur tout danger de lésion, et dès lors il n'a pas cru devoir déclarer inapplicable le secours de l'*in integrum restitutio*. — Cette remarque faite, passons à notre énumération.

55. — I. Ne peuvent se faire restituer : le descendant contre son ascendant, l'affranchi contre son patron (l. 2, Cod. II, 42, et l. 27, § 4, Dig. IV, 4). Avant Justinien, cette règle n'était pas nettement établie, et deux opinions différentes étaient en présence : l'une repoussait en principe la restitution, mais l'admettait exceptionnellement pour des causes importantes ou contre les *turpes personæ*; l'autre opinion se refusait à faire la distinction du premier système, et admettait sans restriction la restitution du descendant mineur contre son ascendant ; celle de l'affranchi mineur contre son patron. Justinien mit fin à la controverse en décidant que la restitution ne pourrait plus être prononcée, ni contre un ascendant ni contre un patron, décision éminemment équitable, puisqu'elle repose sur le respect dû aux personnes ainsi protégées.

La règle introduite par Justinien n'est cependant pas tout à fait générale. Les textes y signalent deux exceptions. En premier lieu un adrogé peut obtenir la restitution contre l'adrogation, un adopté contre l'adoption (l. 3, Dig., § 10, IV, 4). Enfin, un fils de famille émancipé, dont l'émancipation aurait été annulée par décision judiciaire, peut se faire restituer contre la sentence (l. 2, Cod. II, 27). Dans ces trois hypothèses, le défendeur à la restitution est le *paterfamilias* du demandeur ; mais il faut remarquer ceci : le but de la demande est ici de faire reconnaître que la puissance paternelle elle-même n'existe pas ; dès lors, ce qui est en cause, c'est le fondement sur lequel repose la règle de Justinien, et c'est pour ce motif que cette règle ne peut s'appliquer. La seconde exception résulte de la novelle 155, chap. I. Justinien y décide que l'ascendant, tuteur de son descendant, ne peut opposer sa qualité d'ascendant pour repousser une demande en restitution formée contre lui par son pupille, toutes les fois que, selon le droit commun, le pupille pourrait faire valoir sa demande contre son tuteur (1). Refuser la restitution dans ce cas, ce serait, en effet, priver le pupille de l'une des garanties les plus efficaces qui le protégent contre son tuteur; aussi Justinien n'a-t-il pas hésité à sacrifier ici l'intérêt de l'ascendant tuteur à celui du pupille.

56. — II. La demande en restitution sur laquelle il a été statué ne peut être introduite une seconde fois : « Integri restitutio plus quam semel non est decernenda » (Paul, S. R. I, 7, § 3). Ainsi, la restitution a été refusée ; on pourra interjeter appel de la décision (l. 1, Cod. II, 44), mais non introduire la demande à nouveau; autrement une même demande pourrait être indéfiniment reproduite. Cependant, il faudrait admettre la solution contraire, si depuis la première décision de nouvelles causes de restitution avaient été découvertes : une seconde demande serait alors parfaitement justifiée (ll. 2 et 3, Cod., même titre).

56 bis. — III. Lorsque la restitution causerait à l'adversaire un préjudice beaucoup plus considérable que celui éprouvé par le mineur, elle doit encore être refusée (l. 4, Dig. IV, 1, l. 24, § 2 Dig. IV 4). La règle développée au § 28, et ainsi formulée « lucri faciendi causa ex alterius damno, auxilium restitutionis non

(1) Cujas, *ad Nov.*, 155, et, après lui, Gluck ont soutenu que la décision de Justinien est applicable uniquement à la mère remariée, tutrice de ses enfants du premier lit. L'opinion exprimée au texte est celle de Voët *ad Pandectas*, IV, 1, § 15.

desideratur, » n'est qu'une application particulière de celle qui vient d'être posée.

IV. La *restitutio minorum* est inadmissible, si elle tend à faire revivre au profit du mineur une action pénale *ex parte rei*, action que le mineur a perdue par prescription, renonciation ou autrement. Cette décision est donnée par la loi 37 pr. Dig. IV, 4 : « Auxilium in integrum restitutionis executionibus pœnarum paratum non est, » et le texte en fait immédiatement l'application à l'action d'injure : « ideoque injuriarum judicium semel omissum, repeti non potest. » Il faudrait en dire autant de toutes les actions pénales *ex parte rei* et notamment de l'*actio furti* et si l'on recherche la cause de cette dérogation aux règles de la restitution, on voit qu'elle se trouve dans le principe rappelé sous le n° III à savoir que le mineur ne peut obtenir une restitution dont l'effet serait de procurer un véritable gain au demandeur, tout en causant une perte au défendeur.

57. — V. Lorsque le fisc a vendu aux enchères publiques et pour obtenir son paiement des objets appartenant à son débiteur mineur, ce dernier ne peut obtenir la restitution contre l'aliénation (l. 3, Cod. X, 3) pourvu du reste que la vente ait été régulièrement faite (ll. 2 et 2 Cod. *eod.*). La loi 3 Cod. X, 3 n'est qu'une application particulière d'un principe plus général établi par la loi 2 Cod. VII, 37, en vertu duquel l'acquéreur d'une chose vendue par le fisc ne peut être poursuivi par ceux qui avaient sur cette chose des droits réels préférables à ceux du fisc, ces actions réelles étant alors transformées en de simples actions personnelles qui doivent être intentées non contre les acquéreurs, mais contre le fisc lui-même.

58. — VI. Le magistrat ne peut pas non plus prononcer une restitution qui aurait pour effet d'annuler un affranchissement régulièrement effectué (l. 9 § 6 Dig. IV, 4) « adversus libertatem quoque minori a prætore subveniri impossibile est. » Ainsi lorsqu'un héritier mineur, après avoir fait adition obtient la restitution dans le but de s'abstenir, les affranchissements régulièrement faits par lui avant la restitution resteront valables, les affranchis conserveront irrévocablement la liberté (l. 31 Dig. IV, 4). De même, restera définitivement libre, sans que la restitution puisse modifier son état, l'esclave vendu par son maître, mineur de 25 ans et qui aurait été affranchi par l'acquéreur (l. 11, pr. et 48 § 1 Dig. *eod*).; quelque soit le préjudice souffert par le mineur, la liberté de l'affranchi restera intacte, car la cause de la liberté doit l'emporter sur celle de la minorité.

Mais la décision de la loi 9 § 6, fondée sur la faveur due à la liberté ne saurait recevoir application lorsque cette liberté n'est pas en cause, lorsque par exemple elle n'a pas encore été acquise. Ainsi l'esclave est resté en droit esclave et il y a eu seulement promesse ou même obligation d'affranchir, la restitution pourra anéantir cette promesse ou cette obligation (l. 1 Cod. II, 31). De même, l'impossibilité de rescinder l'affranchissement régulièrement effectué n'exclut pas les recours en indemnité qui ont pu naître par suite de l'affranchissement, soit contre l'affranchi lui-même, soit contre celui de qui émane l'affranchissement (l. 11, pr. et 48 § 1 Dig. IV, 4). Remarquons encore que la loi 10 Dig. à notre titre admet la restitution contre l'affranchissement d'un esclave, mais à titre tout à fait exceptionnel et pour des raisons importantes; dans ce cas, la restitution doit être prononcée par l'empereur.

59. — VII. La *restitutio minorum* est encore impossible dans les hypothèses suivantes : — 1° Lorsqu'après avoir obtenu la restitution contre l'acceptation ou la répudiation d'une hérédité, faite en son nom par son père, le mineur demande à être restitué contre cette première restitution (l. 8, § 6 Cod VI, 61). —2° Lorsque le fils de famille a emprunté par voie de *mutuum*, sur l'ordre de son père (§ 37).—3° Quand le débiteur d'un mineur a payé sa dette entre les mains des tuteurs ou curateurs de ce mineur en vertu d'une autorisation délivrée par le juge (l. 25 Cod. V. 25). (1) ou même quelquefois sans cette autorisation, lorsqu'il s'agit du paiement d'intérêts, de loyers, fermages ou d'autres prestations périodiques (ll. 25 et 27 Cod. *eod.*). Les paiements ainsi faits, donnent toute sécurité au débiteur qui s'est libéré, et si le mineur a souffert un préjudice, il doit pour en obtenir réparation s'adresser à ses tuteurs ou curateurs par voie d'action personnelle. On ne pouvait en effet, exposer le débiteur à payer deux fois, par suite de la minorité de son créancier, alors surtout qu'il pouvait être contraint de faire le paiement.—4° Lorsqu'une chose donnée en gage par celui à qui le mineur a succédé, a été vendue par le créancier gagiste, pourvu qu'il n'y ait pas eu entente frauduleuse entre le créancier vendeur et l'acquéreur (§ 51). — 5° Enfin, lorsque les parties en cause sont toutes deux mineures et que dans tous les cas, l'une ou l'autre d'entre elles subirait

(1) D'après M. de Savigny (p. 156) l'autorisation du juge n'aurait pas pour effet d'écarter la possibilité d'une restitution, mais seulement d'en diminuer les chances.

un préjudice par suite de l'admission de la demande en restitution (l. 11, § 6). Par exemple, un mineur a prêté à un autre mineur une certaine somme à titre de *mutuum*, et l'emprunteur a dissipé les fonds : dans ce cas, pas de restitution au profit du prêteur. En effet, si la restitution était admise, le mineur contre lequel elle aurait été prononcée, pourrait se dire lésé à son tour ; de ce chef, il obtiendrait la restitution contre la première restitution et il s'établirait ainsi un véritable circuit de demandes en restitution. Cependant, si par suite du défaut de restitution, l'un des mineurs arrivait à réaliser un gain, tandis que l'autre subirait un préjudice, la restitution devrait être admise. Par exemple, un mineur a prêté à un fils de famille, aussi mineur, une somme d'argent à titre de *mutuum* ; l'emprunteur a fait un emploi utile des deniers qu'il a reçus, mais sur les poursuites exercées contre lui par le créancier, il oppose l'*exceptio senatusconsulti Macedoniani*. Le créancier mineur obtiendra la restitution contre cette exception encore bien que le défendeur soit mineur comme lui (l. 11 § 7 et l. 34 pr. Dig. IV, 4) et cette décision s'explique par ce motif que, dans l'espèce, le fils de famille réaliserait un bénéfice au détriment de son créancier mineur.

## CHAPITRE VII.

### DU TEMPS PENDANT LEQUEL LES ACTES INTÉRESSANT LE MINEUR SONT SUJETS A RESTITUTION : *venia ætatis*. — DANS QUEL DÉLAI LA RESTITUTION DOIT ÊTRE POURSUIVIE ; PRESCRIPTION ; RENONCIATION.

60. — Après avoir énuméré les exceptions à la théorie générale de la *restitutio minorum*, revenons à ses conditions d'application et demandons-nous quand ces conditions doivent exister et se trouver réunies pour que la restitution soit possible. La réponse à cette question se trouve dans les lois 1 § 2 et 45 pr. Dig. IV, 4. Ce dernier texte fait connaître le moment à partir duquel les actes intéressant le mineur sont sujets à rescision, car il décide que la restitution peut être accordée même dans l'intérêt de l'*infans conceptus* : « Etiam ei qui prius quam nasceretur usucaptum amisit restituendam actionem Labeo scribit. » — Quant à la loi 1 § 2, elle fixe l'époque jusqu'à laquelle la *restitutio minorum* est applicable : si l'événement duquel procède la lésion s'est produit avant que le mineur ait accompli sa 25e année, l'acte tombe sous le coup de la restitution ; si, au contraire, la lésion est née après et même immédiatement après le moment de la majorité, il ne peut plus être question de restitution : « apparet minoribus annis viginti quinque eum opem polliceri : nam post hoc tempus compleri virilem vigorem constat. »

61. — Ceci nous montre l'intérêt considérable qu'il y a de fixer le moment précis de la majorité de 25 ans; à ce sujet nous allons trouver une exception aux principes généraux du droit. Ordinairement, les délais se comptent par jour et non par heure (l.l. 5, Dig. XXVIII, 1 et 1, Dig. XL, 1.) Ce mode de procéder est appliqué notamment à la fixation de la puberté qui est acquise dès le commencement du quinzième jour anniversaire de la naissance, pour les garçons, du treizième jour anniversaire pour les filles. — En ce qui concerne la majorité de 25 ans, la règle est différente. La loi 3 § 3, Dig. IV, 4, dit, en effet, que dans notre hypothèse le calcul se fait, non pas de jour à jour, mais d'heure à heure, de moment à moment. Ainsi donc, tout ce qui s'est fait avant le moment précis où le mineur a accompli sa 25e année, tombe sous le coup de la *restitutio minorum*; au contraire, pour tout ce qui s'est fait après, la restitution est impossible.

62. — Il se pourrait qu'une opération juridique, préjudiciable, ait été commencée avant la majorité et terminée après; que décider dans ce cas? La loi 3 § 1 et 2 Dig. IV, 4, règle cette hypothèse; elle décide que la restitution peut être accordée parce que l'on prend en considération le commencement de l'affaire et non la fin. Cependant, il faut pour cela la réunion de deux conditions: d'abord que la lésion soit une conséquence immédiate de ce qui a été fait pendant la minorité; si elle était le résultat d'une faute commise en majorité, il n'y aurait évidemment pas lieu à restitution. En second lieu, il faut que le majeur, en continuant l'opération commencée avant sa majorité, n'ait pas expressément ou tacitement confirmé les faits accomplis

pendant la minorité, car la ratification expresse ou tacite émanée du majeur, le rend ainsi qu'il sera expliqué au § 76, non recevable à demander la rescision des actes confirmés. Mais si ces deux conditions existent, la restitution peut dans notre hypothèse être prononcée.

63. — Les lésions résultant de faits accomplis avant que le mineur soit parvenu à l'âge de 25 ans, peuvent donc seules être réparées par la *restitutio minorum*. Cette limite de 25 ans ne peut jamais être dépassée, elle est le terme extrême de la protection accordée à la personne à raison de l'âge, mais elle est au contraire susceptible d'être abaissée au moyen de la *venia ætatis*.

La *venia ætatis* répond à un besoin réel: j'ai eu maintes fois déjà l'occasion de dire combien la *restitutio minorum* est dangereuse pour les tiers, combien aussi, malgré son incontestable utilité, elle est gênante pour le mineur lui-même, dont elle menace d'entraver les affaires et de couper le crédit. Les jurisconsultes romains s'aperçurent de bonne heure de ces difficultés pratiques, et Paul (l. 24 § 1, Dig. IV, 4), essaie déjà d'y remédier, « ne magno incommodo hujus ætatis homines afficiantur, nemine cum his contrahente et quodammodo commercio eis interdicatur. » Mais Paul se borne à recommander une grande prudence aux magistrats chargés de prononcer la restitution, et il espère par ce moyen, arriver à concilier les intérêts du mineur avec ceux des tiers.

64. — La *venia ætatis* est, pour le mineur, un remède bien autrement efficace. Elle peut être conférée par décision impériale, à tout mineur qui justifie avoir atteint un certain âge (20 ans, pour les hommes

18 ans pour les femmes) et réunir en lui l'aptitude et l'expérience nécessaires pour conduire seul ses affaires, sans avoir besoin de protection ; l'effet immédiat du bénéfice, c'est de donner à celui qui l'a obtenu, tous les droits, toute la capacité d'un majeur et par suite, les actes postérieurs à la *venia ætatis* échappent comme ceux du majeur à la *restitutio minorum*. On le voit, le but de la *venia ætatis*, c'est de débarrasser le mineur d'une gêne, d'une entrave, c'est de lui permettre de traiter d'une façon plus avantageuse, conséquence infaillible de la sécurité plus grande donnée aux tiers.

65. — Quant à l'époque à laquelle parut ce bénéfice, on ne la connaît pas d'une manière bien précise. La *venia ætatis* fut introduite par les empereurs, cela est certain, et elle ne prit son complet développement que dans la seconde moitié du troisième siècle. Cependant on a cité un texte de Papinien (l. 39 § 13, Dig. XXVI, 7), où il est question d'un ex-pupille « qui restitutionis auxilio non juvatur, » et l'on en a conclu que la *venia* existait déjà à l'époque classique. — Je serais d'autant plus disposé à admettre cette opinion, que le fragment de Papinien n'est pas le seul de l'époque classique dans lequel on puisse trouver une allusion à la *venia ætatis*. Voici ce que porte un texte d'Ulpien (l. 3 pr. Dig. IV, 4.) : « Divus Severus (Septime Sévère) et imperator noster (probablement Alexandre Sévère) perraro minoribus rerum suarum administrationem extra ordinem indulserunt. » L'un des effets de la *venia ætatis*, c'est de dessaisir le curateur de l'administration des biens, aussi est-il très-probable qu'Ulpien en parlant de décisions impériales conférant aux mineurs l'administration de leur patri-

moine, et cela *extra ordinem*, a en vue la *venia ætatis*; comment du reste aurait-on pu maintenir la restitution alors que l'on supprimait le curateur, seule garantie qui restait aux tiers? Si le texte vise, comme je le crois, la *venia ætatis*, il faut rapporter l'introduction de cette institution à l'empereur Septime Sévère qui régna dans les premières années du troisième siècle, (193-211.)

66. — La *venia ætatis* ne peut être accordée que par rescrit impérial, aux hommes à partir de 20 ans, aux femmes dès l'âge de 18 ans; elle produit son effet du jour où le rescrit impérial a été insinué (l. 5, pr. Cod. II, 53.) Pour obtenir ce bénéfice, le mineur doit faire une double preuve (l. 2, Cod. II, 45, pr. et § 1 et 2) ; il doit d'abord établir qu'il a atteint l'âge requis (*annorum numerum probet*) ; puis justifier de son aptitude aux affaires (*probitas animi, mentis solertia*) et de la régularité de sa conduite (*morum honestatem edoceat*), On ne pourrait en effet priver de toute protection, même sur sa demande, un mineur incapable ou dissipateur. La double preuve dont il vient d'être question est faite par titres ou par témoins, à Rome devant le préteur, en province devant le président, et le texte déclare radicalement nulle la *venia ætatis* accordée au mineur qui ne se serait pas conformé à ces dispositions : « Hi vero qui contra memoratam dispositionem veniam ætatis a Principali clementia impetraverunt, sciant eam nullas vires obtinere. »

67. — Voyons maintenant de plus près les effets de la *venia ætatis*. Ces effets sont au nombre de trois : 1° la *venia ætatis* rend la restitution impossible pour les actes à venir du mineur ; c'est là son but princi-

pal ; le mineur ayant prouvé et sa capacité et sa bonne conduite, il n'y a pas lieu de laisser subsister une protection qui n'est plus pour lui qu'une entrave (l. 1 Cod. II, 45. 2° Elle fait courir à l'égard des actes antérieurs, le délai dans lequel la restitution doit être demandée (l. 5 pr. Cod. II, 53) ; je reviendrai un peu plus loin sur cette conséquence de la *venia ætatis.* 3° Elle fait cesser la curatelle à laquelle était soumis le mineur et permet à ce dernier de prendre en main la gestion de son patrimoine. Cette décision résulte de la loi 5, Cod. II, 53 et surtout, quoique incidemment, de la loi 3, Cod. V, 74 qui commence par ces mots : « Si quando sine decreto minorum, vel adhuc sub curatoribus constitutorum vel per veniam ætatis eorum curam excedentium... »

68. — En résumé, l'effet général et immédiat de la *venia ætatis*, c'est d'assimiler le mineur qui l'a obtenue, au majeur. Par la *venia ætatis*, le mineur acquiert tous les droits du majeur, cependant il subsiste entre eux une différence car le senatusconsulte de Septime Sévère, relatif à l'aliénation ou à l'hypothèque des immeubles reste applicable au mineur qui a obtenu la dispense impériale (l. 2, § 2, Cod. II, 45, l. 3, *eod*). Ce mineur est donc incapable d'aliéner ou d'hypothéquer ses immeubles sans un décret du magistrat, aussi la loi 3, *in fine* a-t-elle pu dire que, sous ce rapport, la condition de tous les mineurs est la même. Ce n'est pas seulement au point de vue de la capacité, mais encore au point de vue de la restitution que le mineur ayant obtenu la *venia ætatis* doit être, quant à l'aliénation et à l'hypothèque des immeubles, assimilé aux autres mineurs ; aucun texte, il est vrai, ne donne la solution en ce qui concerne la

restitution, mais il faut aller jusque-là, si, comme l'affirme la loi 3 *in fine*, il y a assimilation complète entre les deux classes de personnes (1). Ainsi, le mineur qui a obtenu la *venia ætatis* peut se faire restituer contre la vente qu'il aurait faite même *cum decreto* d'un immeuble lui appartenant ; il peut se faire restituer contre l'aliénation faite toujours *cum decreto* par le créancier gagiste ou hypothécaire (arg. l. 11, Cod. V 71).

69. — Le mineur peut se faire restituer contre la décision impériale de laquelle il tient la *venia ætatis*; cela n'a rien d'extraordinaire puisque, dans l'hypothèse, l'événement préjudiciable s'est produit pendant la minorité. Si la restitution est ainsi prononcée, le mineur perd tous les avantages que lui avait procurés la dispense, et notamment, les lésions qu'il subit sont de nouveau susceptibles d'être réparées au moyen de la *restitutio minorum*. Mais les actes antérieurs à la rescision de la *venia* restent intacts et ne peuvent être attaqués. Cela résulte de la loi 1, Cod. II, 45, dont les termes font ressortir toute l'inconséquence qu'il y aurait à admettre la restitution contre des tiers qui ont traité sur la foi d'une décision impériale et qui ne doivent pas se trouver ainsi induits en erreur, par le fait en quelque sorte du prince. Au surplus, le but de la *venia ætatis* serait manifestement manqué, si d'une manière indirecte, le mineur pouvait revenir sur les actes passés par lui après l'obtention du bénéfice ; les tiers en effet, se trouveraient soumis absolument aux mêmes risques que si la *venia* n'avait pas été accordée.

(1) Glück, *Commentaires*, liv. V. § 458, Burchardi p. 222.

70. — Nous voici fixés sur l'époque jusqu'à laquelle les lésions, atteignant le mineur, peuvent être réparées au moyen de la restitution : cette protection existe jusqu'à ce que le mineur ait atteint l'âge de 25 ans ou jusqu'à ce qu'il ait obtenu la *venia ætatis*. Tous actes antérieurs à l'une de ces deux époques sont rescindables, lorsque les conditions nécessaires se trouvent réunies. Mais dans quel délai la restitution peut-elle ou doit-elle être poursuivie?

Tout d'abord la restitution peut être demandée pendant l[a m]inorité; la loi 5, § 1, Cod. II, 22, est formelle à cet égard. Je me borne à faire remarquer ici que, pendant la minorité, la demande en restitution n'est soumise à aucune prescription : depuis Justinien la chose est bien naturelle, ce prince ayant décidé que les prescriptions temporaires ne courraient plus contre les mineurs; et, même avant Justinien, les principes généraux eussent empêché une pareille prescription, puisque cette prescription elle-même eût été sujette à restitution.

Arrivé à l'âge de 25 ans accomplis, le mineur n'est pas pour cela privé du droit de demander la restitution pour des lésions antérieures, mais la demande devient alors prescriptible, elle doit être introduite dans un délai déterminé, sous peine de déchéance.

71. — Dans le principe, le mineur devenu majeur eut, pour demander la restitution, un délai d'une année utile, délai qui ne comprenait pas les jours pendant lesquels le mineur n'avait pu exercer son droit (l. 19 et 39 pr., Dig. IV, 4). Ce mode de prescription avait l'avantage incontestable d'éviter les surprises, mais, d'un autre côté, il présentait des inconvénients séri[eu]x, puisqu'il était souvent difficile, pour ne pas

dire impossible, de déterminer avec exactitude quels avaient été les jours utiles.

Constantin, le premier, essaya de porter remède à cet état de choses : en l'an 312, une première constitution de ce prince décida qu'un mineur jouissant de la *venia ætatis*, pourrait poursuivre une demande en restitution, à raison de lésions antérieures à l'obtention du bénéfice, non plus seulement pendant une année utile, mais même jusqu'à ce qu'il eût atteint sa 25ᵉ année (l. 5 pr., Cod. II, 53). — Quelques années plus tard, en 320, Constantin décida que le délai, pendant lequel la *restitutio minorum* pourrait être demandée, serait désormais de cinq années continues à Rome et dans un rayon de cent milles autour de Rome, de quatre années dans le reste de l'Italie et de trois années dans les provinces : ce délai devait être calculé suivant les cas, du jour de la majorité, du jour de l'obtention de la *venia ætatis*, ou bien du jour du décès de la personne lésée, si elle avait laissé des héritiers majeurs (l. 2, Cod., Th. II, 16). Cette décision de Constantin est importante, car elle transforme en un délai continu le délai utile de l'ancien droit.

Cependant l'on ne s'en tint pas là et Justinien réalisa une nouvelle réforme. Constantin s'était occupé seulement de la *restitutio minorum*, Justinien établit, en 531, une règle uniforme, applicable à toute espèce de restitutions, et en outre indépendante du lieu dans lequel la demande serait poursuivie. Que l'ex-mineur fût domicilié à Rome, en Italie ou dans une province romaine, il eut toujours un délai de quatre années continues pour introduire sa demande et terminer les débats (l. 7, Cod. II, 53). Passé ce délai, le droit était perdu.

72. — Quel est le point de départ du délai de quatre années continues, établi par Justinien? Ce point de départ, Justinien le rappelle lui-même dans sa constitution, c'est le moment où le mineur a atteint sa 25e année : « Ex quo vicesimi sexti anni dies illuxerit, » ou bien, s'il a obtenu la *venia ætatis*, le moment où le rescrit impérial a été transcrit sur les registres du magistrat (l. 5, Cod. II, 53). Cette double solution est tout à fait conforme aux principes généraux du droit, puisqu'aux termes de la loi 5, Cod. II, 41, les prescriptions temporaires ne courent pas contre les mineurs.

On s'est demandé, cependant, si le point de départ du délai reste le même, si au moment de la majorité ou de l'insinuation du rescrit impérial, la lésion a été ignorée du demandeur en restitution. On a soutenu que dans cette hypothèse, les quatre années continues doivent commencer à courir du jour où la lésion a été découverte (1), et l'on a fait observer en ce sens que Justinien n'a en rien modifié le point de départ du délai, puisqu'il dit dans sa constitution « ..... quadriennium continuum tantummodo numerari, ex die ex quo annus utilis currebat. » Or, avant Justinien, la restitution se prescrivait « intra annum quo experiundi potestas erat; » n'étaient donc pas compris dans l'année, tous les jours pendant lesquels le demandeur n'avait pu faire valoir son droit, et ce droit, il n'avait pu assurément le faire valoir tandis qu'il l'ignorait.

73. — Je n'admets pas cette opinion et je crois que

(1) Puchta : *Pandekten*, § 105. — *Contra* : Voët : *Ad Pand.*, IV, 1, § 10. — Burchardi, p. 521. — Savigny, p. 250.

l'ignorance dans laquelle s'est trouvé le demandeur ne peut avoir aucune influence sur le point de départ du délai. Tout d'abord, observons les termes dont se sert Justinien : « utilis annus incipit currere ex quo vicesimi sexti anni dies illuxerit. » Ces expressions ne sont pas équivoques, elles n'admettent aucune exception et elles prouvent au surplus que, même à l'époque où la prescription s'opérait par le délai d'une année utile, cette année commençait à courir malgré l'ignorance de la lésion. Du reste, la manière dont les partisans de l'opinion adverse traduisent ces expressions de la loi 1 § 1. Dig. IV, 6 : « intra annum quo experiundi potestas est » est manifestement inexacte, ces mots se rapportant uniquement aux jours du délai pendant lesquels le demandeur n'a pu agir, soit parce que le magistrat ne siégeait pas, soit par suite d'absence ou de maladie : c'est là, en effet, le sens que donne à notre texte la loi 1, Dig. XLIV, 3, qui ne fait aucune allusion à l'ignorance dans laquelle a pu se trouver la personne lésée. — Tous ces motifs doivent faire écarter le système adverse.

74. — Supposons maintenant que la personne lésée soit décédée avant d'avoir formé sa demande en restitution. Cette demande, nous le verrons plus loin (§ 70) peut alors être introduite par son héritier, mais dans quel délai? L'héritier aura, pour faire valoir son droit, le même délai de quatre années qui eût profité à son auteur, et si le délai a déjà commencé à courir du vivant du *de cujus*, l'héritier majeur ou mineur n'aura plus que le surplus des quatre années (L. 19. Dig. IV, 4, et L. 5, § 2. Cod. II, 53). Quant au point de départ du délai ou de ce qui en reste à courir, il faut distinguer entre l'héritier majeur et l'héritier mi-

neur : pour le premier il faut calculer le délai du jour de l'adition de l'hérédité (L. 5, § 3. Cod. *eod.*); pour l'héritier mineur, au contraire, le délai commence à courir seulement du jour de sa majorité (L. 5, § 1. Cod. *eod.*). — Ainsi, lorsqu'un mineur est héritier d'un autre mineur et que le délai n'a pas encore commencé à courir, l'héritier aura un délai complet de quatre années à partir de sa majorité, absolument comme s'il s'agissait d'une lésion qui l'eût personnellement atteint; aussi Paul a-t-il pu dire (S. R. I. 9, § 4) : « Si minor minori heres existat, heres ex sua persona non ex defuncto, in integrum restitui potest. »

Quant à la cession faite par le mineur de son droit à la restitution, elle ne modifie pas les principes précédemment exposés, car c'est toujours la personne du mineur, non celle du cessionnaire qu'il faut considérer pour le calcul de la prescription; le cessionnaire en effet est assimilé à un mandataire, et la constitution d'un mandataire ne peut modifier en quoi que ce soit le cours de la prescription. Ainsi, malgré la majorité du cessionnaire, la prescription ne commencera à courir que du jour de la majorité du cédant.

75. — Après avoir exposé les principes généraux applicables à la prescription de la restitution des mineurs, j'ai à signaler quelques exceptions à ces principes.

L'un des effets de la *venia ætatis*, c'est de faire courir à l'égard des actes antérieurs, le délai de quatre années, pendant lequel la demande en restitution doit être formée; mais, j'ai fait connaître déjà une constitution de Constantin, en vertu de laquelle le mineur peut toujours se faire restituer au moins jusqu'à ce qu'il ait atteint l'âge de 25 ans (l. 5 pr., Cod. II 53, et § 70 ci-dessus). Cette décision fut maintenue par Justinien, et il en résulte que, pour le mineur jouissant de la *venia ætatis*, le délai de la prescription est quelquefois de plus de quatre années : il suffit de supposer pour cela un mineur ayant obtenu la *venia* à l'âge de 20 ans, et qui, par suite, peut former la demande pendant un délai de cinq années. — Par la loi 6, Cod. VI, 31, Justinien avait décidé que le *suus heres* pourrait, après avoir répudié l'hérédité de son *paterfamilias*, revenir sur sa renonciation, tant que les biens héréditaires n'auraient pas été vendus. La rétractation de la renonciation, pour être valable, devait être faite dans un délai de trois années; ce délai commençait à courir pour le majeur qui ne se trouvait plus dans le *quadriennum restitutionis*, du moment de l'expiration des quatre ans. Nouvelle exception à la règle qui fixe à quatre années le délai de la prescription. — Enfin, nous trouvons encore une prescription exceptionnelle de plus de quatre années dans le cas suivant : un mineur devenu veuf a négligé d'opposer à temps l'exception *non numeratæ dotis* sur les poursuites en restitution de dot, dirigées contre lui par les héritiers de sa femme décédée. Il peut se faire restituer contre sa négligence et Justinien décide qu'il a, pour cela, un délai de douze années, à compter du jour du mariage. Quant aux héritiers du mari, ils sont, eux aussi, admis à profiter de la restitution, mais pendant un délai de cinq années seulement, à compter du jour du mariage.

76. — Lorsque, dans le délai fixé, la personne lésée a négligé de demander la restitution, il y a pour elle

déchéance complète. Quelquefois, la restitution devient inadmissible avant l'expiration du délai, c'est lorsque la partie lésée renonce à exercer son droit. Le droit de renoncer n'appartient pas au mineur de 25 ans, et cela se comprend parfaitement, puisque la renonciation soumise elle-même à la restitution ne produirait aucun effet : je crois même, me fondant pour cela sur la loi 5 pr., Cod. II, 51, qu'une pareille renonciation serait sans effet de la part du mineur de 25 ans jouissant du bénéfice de la *venia ætatis*. — Quant au mineur devenu majeur, il n'y a aucun motif de restreindre sa liberté d'action; aussi la renonciation est-elle admise de sa part, de la façon la plus large : il peut renoncer, soit expressément, soit tacitement, il le peut même, par voie de ratification des actes passés pendant sa minorité (l. 3, §§ 1 et 2, l. 30, Dig. IV, 4, l. 2, Cod. II, 40). Dans tous ces cas, la restitution devient impossible du moment même de la renonciation : il n'y a plus alors à s'occuper ni de délai, ni de prescription.

## CHAPITRE VIII.

### PAR ET CONTRE QUELLES PERSONNES LA RESTITUTION DOIT ÊTRE DEMANDÉE.

77. — Dans les chapitres III à VII, j'ai fait connaître les divers éléments nécessaires, essentiels de la restitution des mineurs; les développements donnés à cet égard répondent à cette question générale :

quand la restitution des mineurs est-elle possible? Abandonnant ce sujet, je dois examiner maintenant la marche de la demande en restitution, comment elle est formée, devant quel juge elle est poursuivie, quelle est la procédure à suivre. Mais avant de commencer, ou plutôt, pour commencer cette étude, il faut savoir quelles sont dans l'instance en restitution les parties en cause, et dès lors cette première question s'impose : par ou contre quelles personnes la demande en restitution peut-elle ou doit-elle être poursuivie?

78. — I. Sont admis à former la demande en restitution, le mineur lésé, son héritier et en général ses successeurs universels, enfin son cessionnaire. Telles sont les personnes qui, dans l'instance en restitution, peuvent jouer le rôle de demanderesses. Reprenons cette énumération.

1° Le mineur qui a subi la lésion. — Il peut, nous le savons, poursuivre la restitution sans attendre l'époque de sa majorité (§ 70). Devenu majeur, et *sui juris*, il n'a besoin d'aucune assistance, il agit seul; mais sous quelles conditions la demande est-elle admissible, lorsque le demandeur est mineur, ou bien si, étant majeur il est en même temps *alieni juris?* Peut-il alors agir seul, lui faut-il, au contraire, le consentement de son *paterfamilias*, de son tuteur, de son curateur?

En ce qui concerne le pupille, jamais il ne fut en son pouvoir de former une demande en restitution sans l'*auctoritas* de son tuteur, cela est certain ; mais il n'est pas moins certain que, avant la décision de Marc Aurèle, qui introduisit la curatelle permanente du mineur de vingt-cinq ans, l'adulte put se faire restituer sans avoir besoin d'aucun consentement. La loi 25, § 1, Dig. IV, 4, dit, en effet : « Si talis interveniat juvenis cui præstanda sit restitutio, ipso postulante, præstari debet. » Mais, depuis l'innovation de Marc-Aurèle, la demande en restitution est assimilée à toute autre demande en justice, et le mineur de vingt-cinq ans doit la former avec le consentement, soit de son curateur permanent (l. 1, §§ 3 et 4, Dig. XXVI, 7), soit d'un curateur *ad litem*, lorsqu'il n'a pas de curateur permanent, ou lorsque ce dernier refuse son concours (Inst. I, 23, § 2). Quant au *filiusfamilias*, c'est par exception seulement qu'il peut, selon le droit commun, poursuivre seul une demande en justice (l.l. 9 et 13, Dig. XLIV, 7); aussi, sauf les cas intéressant le pécule *castrens*, refusa-t-on, à l'origine, au fils de famille même majeur, le droit d'introduire la demande sans l'assentiment du *paterfamilias*, et cette ancienne décision explique seule la loi 27, pr., Dig. IV, 4, qui permet au père de poursuivre la demande, même contre le gré de son fils Mais le *paterfamilias* n'ayant aucun intérêt à autoriser la restitution, il était à craindre que souvent il ne refusât, sans motif, son concours; aussi décida-t-on, dans le droit récent, que le consentement du *paterfamilias* ne serait plus une condition nécessaire de la demande. Ce consentement étant refusé, le *filius familias* pourrait former sa demande avec l'assistance d'un curateur *ad litem* (Inst. I, 23, § 2).

79. — 2° L'héritier du mineur. — Parmi les textes qui consacrent les droits de l'héritier du mineur à la restitution, je citerai surtout les lois 6, Dig IV, 1 et 18, § 5; IV, 4. Cette dernière loi, notamment, est décisive : « Non solum autem minoribus, verum suc-

cessoribus quoque minorum datur in integrum restitutio, etsi sint ipsi majores. » Remarquons, cependant, que l'héritier du mineur ne peut jamais avoir plus de droits que n'en aurait le mineur lui-même. Il ne pourrait donc, pas plus que le mineur, demander la restitution s'il y avait eu prescription, renonciation, ou si, dans l'hypothèse, la restitution était absolument refusée. Nous savons, par exemple, que le mineur ne peut demander la restitution contre son ascendant ou contre son patron ; il faudrait, de même, refuser, sans hésiter, ce droit à l'héritier du mineur, même s'il était personnellement étranger à l'ascendant ou au patron de son auteur. Au surplus, la loi 24, Dig. § 2, IV, 4, donne la mesure exacte du droit de l'héritier du mineur, lorsqu'elle dit : « Multoque parcius ex hac causa heredem restituendum esse. » Le magistrat se montrera donc, en général, plus sévère lorsqu'il s'agira d'accorder la restitution à l'héritier du mineur, et cette règle seule suffirait à établir que jamais l'on ne peut introduire, du chef de son auteur, une demande en restitution qui eût été refusée à ce dernier.

Quelquefois, cependant, l'héritier du mineur a droit personnellement à une restitution dont la cause n'existait pas encore du vivant de son auteur ; il en est ainsi, notamment, lorsque la mort a empêché le mineur de faire valoir son droit à temps, et que, par suite du retard, le droit s'est éteint (l. 86 pr., Dig. XXIX, 2). Mais la restitution accordée dans ce cas n'étant plus la *restitutio minorum*, je n'ai pas à m'en occuper ici. — Je rappelle encore un texte de Paul, déjà cité (S. R. I., 9, § 4), qui semble donner à l'héritier mineur d'un mineur un droit personnel à la restitution, mais ce texte se borne à consacrer la règle que les prescriptions temporaires ne courent pas contre les mineurs, et il ne faut pas l'étendre au delà de ces termes.

80. 3°—Tout autre successeur universel du mineur.

Rentrent dans cette catégorie : l'héritier fidéicommissaire, l'acquéreur d'une hérédité, enfin, le fisc, lorsque dans un patrimoine confisqué se trouve comprise l'*hereditas delata* d'un mineur. —Eu égard au fisc, notre proposition a été quelquefois contestée. On a dit, s'appuyant, je ne sais trop pourquoi, sur la loi 22, § 5, Dig. XVII, 1, que les biens confisqués devaient comprendre uniquement ceux existant dans le patrimoine au moment de la confiscation, et que les biens à faire rentrer dans le patrimoine par le moyen de la restitution, ne pouvaient être considérés comme s'y trouvant déjà. Cette opinion pèche par sa base : il n'y a aucun motif de faire ici une différence entre la demande en restitution et toute autre action; or, l'on n'a jamais mis en doute que le fisc pût exercer les actions ayant appartenu à l'ancien propriétaire, ces actions formant, en réalité, un actif dans le patrimoine de ce dernier.

81. — 4° Le cessionnaire du mineur.—Il n'est pas douteux que le mineur puisse céder son droit à la restitution; les lois 24, pr., Dig. IV, 4 et 25, Dig. XXVI, 7, enfin 20, § 1, Dig. XXVII, 3 sont formelles, et, de ce que ces textes s'occupent seulement de cas dans lesquels le mineur est contraint de faire la cession, il ne faudrait pas tirer la conséquence qu'une cession amiable soit impossible. Il n'y aurait aucune raison, en effet, d'établir une différence entre la cession volontaire et la cession forcée.

82. — On a remarqué souvent que les personnes

qui peuvent demander la restitution sont précisément celles qui auraient droit d'introduire une action en justice. Toutefois cette assimilation n'est pas universellement admise. On s'est demandé si la restitution des mineurs est pour eux un *beneficium reale* ou bien un *beneficium personale*, et sous cette question les interprètes ont recherché si, par analogie, il faut appliquer à la restitution les règles établies pour les exceptions *rei cohærentes*. Admettre que la restitution est un *beneficium personale*, c'est reconnaître qu'elle peut être poursuivie seulement par les personnes énumérées sous les paragraphes précédents, et non par les coobligés du mineur lésé; au contraire, admettre que la restitution est un *beneficium reale*, c'est décider que toute personne ayant le droit d'opposer l'exception *rei cohærens* peut aussi former la demande en restitution. Le dernier système confère donc à toute personne qui répond de la dette du mineur le droit de former la demande, que l'obligation de cette personne résulte de la loi (actions *de peculio, quod jussu, exercitoria, institoria*) ou de la convention (fidéjussion, pacte de constitut, *mandatum credendæ pecuniæ*). De même la demande serait admissible de la part de successeurs à titre singulier, tels que le légataire à titre particulier, l'acheteur, le coéchangiste, relativement à la chose entrée dans leur patrimoine. Il est facile de voir que les partisans du second système étendent considérablement la liste des personnes auxquelles j'ai reconnu le droit d'intenter la demande en restitution : j'essaierai de démontrer que leur opinion ne repose sur aucun fondement et que, par suite, l'énumération présentée plus haut doit être maintenue.

83. — La question, il importe de le remarquer, est indépendante de celle de savoir si la restitution, une fois prononcée, profite aux débiteurs accessoires : ce dernier point, je l'examinerai en son lieu (§ III et suiv.); ici je n'ai à m'occuper que d'une chose : les débiteurs accessoires ou, en général, les personnes qui pourraient opposer une exception *rei cohærens*, ont-elles le droit de former et de poursuivre la demande en restitution? Peu d'interprètes ont adopté la solution affirmative (1). Le texte fondamental, on peut même dire, unique, invoqué par ces interprètes, est la loi 7, § 1, Dig. XLIV, 2, dans laquelle Paul s'occupe de la distinction des exceptions en exceptions *personæ cohærentes* et *rei cohærentes*. Après avoir cité des exemples des premières, il aborde les secondes parmi lesquelles il classe les exceptions *rei judicatæ*, de dol, de serment, etc. Puis il ajoute : « Idem dicitur, et si pro filiofamilias contra senatusconsultum quis fidejusserit, aut pro minore 25 annis circumscripto. Quod si deceptus sit in re, tunc nec ipse ante habet auxilium quam restitutus fuerit, nec fidejussori danda est. » Les auteurs dont j'adopte l'opinion trouvent dans le texte de Paul cette distinction : ou bien le mineur a été trompé par la personne avec laquelle il a contracté, et alors il a pour se défendre l'exception *legis Plætoriæ* dans l'ancien droit, l'exception générale de dol dans le droit plus récent, exceptions qui sont toutes deux *rei cohærentes*; ou bien le mineur a été simplement lésé, sans qu'il y ait

(1) L'affirmative a été soutenue notamment par Gluck, *Opusc. jurid.*, fasc. II, p. 283, et Commentaires, liv. V, § 443. — *Contra*, Vinnius, Burchardi, p. 400.

un dol à reprocher à la partie adverse; alors aucune exception ne peut être invoquée ni par le mineur, ni par le fidéjusseur, *avant que le mineur ait obtenu la restitution.*

Le système adverse a le tort de ne voir dans les termes de la loi 7, § 1 que l'une des deux hypothèses, celle dans laquelle le mineur a été seulement lésé et ainsi le texte semblerait dire que le fidéjusseur du mineur peut poursuivre la restitution, de même qu'il pourrait opposer une *exceptio rei cohærens.* Interpréter ainsi le texte, c'est manifestement le détourner de son sens véritable. En effet, le jurisconsulte en est à l'énumération des exceptions *rei cohœrentes*; cette énumération n'est pas terminée, puisqu'il ajoute : *idem dicitur et*, c'est donc bien d'une exception *rei cohærens* et non d'une demande en restitution qu'il est question lorsque Paul dit : *aut pro minore 25 annis circumscripto.* La phrase suivante est destinée à faire antithèse, et réduite à elle seule, on ne saurait en tirer ledroit pour le fidéjusseur d'introduire une demande en restitution, car elle s'occupe de la situation du fidéjusseur après que le mineur a obtenu la restitution, situation que j'examinerai plus loin.

84. — Du texte de la loi 7, § 1, on ne peut donc tirer aucun argument sérieux en faveur de l'opinion adverse. Au contraire, des textes assez nombreux viennent appuyer le système qui voit dans la restitution un simple *beneficium personale.* Tout d'abord, si la restitution était un *beneficium reale*, si par analogie, les règles des exceptions *rei cohœrentes* lui étaient applicables, il faudrait accorder la restitution au *paterfamilias* poursuivi par l'action *de peculio* ou *quod jussu* à raison de contrats faits par

son fils, et cela même dans le cas où le *paterfamilias* demanderait la restitution dans son intérêt personnel. Or, cette application de la restitution est formellement repoussée par Ulpien (§ 30) et le jurisconsulte fait remarquer que la restitution a été instituée en faveur du mineur, non du majeur, en d'autres termes que la restitution est un bénéfice purement personnel. De même, dans la loi 4 Dig. *eod.* Africain refuse au maître la restitution contre les contrats passés par son esclave mineur et cependant le *dominus* peut faire valoir les exceptions qui résultent de ces contrats. — Le *negotiorum gestor* mineur qui a passé un contrat au nom du maître de l'affaire, peut bien obtenir lui-même la restitution contre cet acte, parce qu'il répond personnellement du préjudice qu'il a causé, mais de son côté le *dominus negotii* ne peut former la demande qu'après en avoir obtenu la cession du *negotiorum gestor* (l. 24, pr. D. IV, 4). Ce droit, le *dominus* ne l'a donc pas de son propre chef, tandis qu'il pourrait faire valoir, indépendamment de toute cession, les exceptions relatives au contrat intervenu. — Enfin citons un texte de Papinien, la loi 95 § 3 Dig. XLVI, 3: parlant de la restitution des mineurs, Papinien dit qu'elle est une *personalis defensio*, et il l'accorde au fidéjusseur du mineur, dans le cas unique où il est devenu l'héritier du débiteur principal.

88. — Toutes ces solutions, et les motifs qui les justifient, font ressortir la véritable doctrine du droit romain; la restitution a été introduite dans l'intérêt du mineur, c'est donc à lui seul qu'il appartient de prendre l'initiative, de voir s'il veut user ou non du bénéfice; à lui seul le droit de demander la restitution. Mais, lorsqu'il aura obtenu le bénéfice, en profitera-t-

il seul? Les débiteurs accessoires pourront-ils, au contraire, s'en prévaloir? C'est une autre question, je l'ai déjà dit et j'y reviendrai. En attendant, je maintiens formellement l'énumération que j'ai présentée sous les §§ 78 à 81, et je pense que le droit de former la demande en restitution n'appartient qu'au mineur lésé, à ses héritiers et successeurs universels et à son cessionnaire.

86. — II. Passons aux personnes contre lesquelles la restitution doit être demandée. Ici, il faut poser une règle et une exception : la règle, c'est que la restitution est donnée *in personam*; exceptionnellement, elle est donnée *in rem*. — Cela étonne au premier abord, et c'est la règle inverse que l'on est tenté d'appliquer. Le but de la restitution étant en effet de rétablir un état antérieur, de rendre à la personne lésée les droits qu'elle a perdus, il semblerait qu'elle dût être remise en possession de ces droits, de façon à pouvoir les exercer comme elle l'eût fait avant de les avoir perdus. Par exemple, le mineur restitué contre une aliénation devrait pouvoir revendiquer directement sa chose de tout possesseur; restitué contre la renonciation à une hérédité, il devrait pouvoir rechercher entre les mains de tout tiers détenteur les choses héréditaires, et ainsi la restitution serait donnée en règle générale *in rem*, non *in personam*.

C'est pourtant la solution opposée qui est celle du droit romain (1), cela n'est pas douteux et résulte de

(1) Wetzell dit à ce sujet (p. 14) : « ... Adversus quem minorum restitutio imploranda sit, facilius definiemus. Quid enim probabilius, quam quæ ratio doli actionem regeret, eamdem in minorum restitutione locum habuisse, cum utraque ex lege Plætoria descenderet. »

deux textes d'Ulpien, les lois 0 *pr.* et 13 § 1. Dig. IV, 4 : « ... sed interest ipsius (minoris) corpora potius habere, et puto *interdum* permittendum. » — « *Interdum*, autem restitutio et in rem datur minori, id est, adversus rei ejus possessorem. » Cette décision est du reste plus sage; il était nécessaire de protéger autant que possible les tiers contre le danger d'une restitution dont ils ignoraient peut-être la possibilité, et qui, donnée contre eux, eût été le plus souvent injuste.

87. — Ordinairement donc, la restitution est donnée *in personam;* le défendeur à la restitution est celui qui a profité immédiatement de la lésion, et s'il est condamné, son obligation consiste à rétablir la situation primitive, lorsqu'il le peut, sinon à indemniser le demandeur du préjudice qu'il a subi. — Les textes fournissent un grand nombre d'applications de notre règle. Ainsi, dans les contrats, le défendeur, c'est celui avec qui le mineur a contracté (l. 13, § 1, Dig. IV, 4); en matière de prescription, la restitution est demandée contre celui qui s'est trouvé libéré par la prescription extinctive, contre celui qui est devenu propriétaire par la prescription acquisitive; pour obtenir la restitution contre un jugement, il faut agir contre le défendeur à ce jugement (l. 0 pr.); la restitution contre la renonciation à une hérédité ou à un legs se poursuit contre celui ou ceux qui ont profité de la renonciation; enfin, la restitution contre l'acceptation d'une hérédité obérée doit être demandée contre les créanciers héréditaires (l. 20, § 2).

Il va de soi que la restitution peut être poursuivie contre les héritiers et les successeurs universels des personnes qui viennent d'être indiquées (l. 14,

Dig. IV, 4). Si la lésion a été occasionnée par un esclave ou un fils de famille, la restitution est demandée contre le *dominus* ou le *paterfamilias*, qui sont poursuivis sur leurs biens personnels, lorsqu'ils ont été enrichis par le fait de la personne placée sous leur puissance, sur le pécule de cette dernière dans le cas contraire (l. 24, §§ 3 et 4, Dig. IV, 4).

88. — Quand, maintenant, la restitution est-elle donnée *in rem?* Quand des tiers étrangers à la lésion peuvent-ils être forcés de rétablir la situation primitive du mineur, puisque c'est à cela qu'aboutit en réalité la restitution? — Les textes ne donnent pas une réponse précise à cette question, et l'on ne peut en tirer un principe général. Ainsi, les textes recommandent aux magistrats de n'accorder la restitution *in rem* qu'avec une extrême réserve (l. 3, Cod. II, 51); ils admettent cette restitution lorsqu'au moment de l'acquisition, le tiers acquéreur a connu le danger de l'éviction, ou même si, lorsqu'il l'a ignoré, celui contre lequel devrait être dirigée la demande *in personam* est devenu insolvable (l. 13, § 1, Dig. IV, 4); enfin la *restitutio in rem* est encore possible, lorsque le mineur prouve qu'il a intérêt à faire rentrer dans son patrimoine l'objet même qu'il a perdu (l. 9 pr., Dig. *eod.*).

Remarquons en terminant que la restitution *in rem*, ayant été prononcée, il y a éviction, dans le sens propre du mot. Le tiers ainsi dépossédé pourra donc, le plus souvent, former contre son auteur, en vertu des principes généraux, une action en garantie (l. 39, pr. Dig. XXI, 2).

## CHAPITRE IX

### PROCÉDURE DE LA RESTITUTION.

89. — Trois questions seront examinées sous ce chapitre : — 1° Qui a qualité pour prononcer sur la demande en restitution ? — 2° Quel est, dans la poursuite de la demande, le rôle des parties en cause ? — 3° Comment la restitution est-elle prononcée ?

90. — I. Qui a qualité pour connaître de la demande ? — En recherchant dans les §§ 13 à 15 la nature de l'*in integrum restitutio*, j'ai montré que la décision accordant la restitution est une décision gracieuse du magistrat : partant de là et me fondant sur la loi 26, Dig. XL, 1, je suis arrivé à cette conclusion que la partie lésée n'ayant aucun droit à la restitution ne peut l'obtenir d'un magistrat investi seulement de la *jurisdictio*, que le pouvoir d'accorder cette restitution est un attribut de l'*imperium*, et que, par conséquent, il appartient au magistrat seul qui a l'*imperium, qui jurisdictioni præest*, de prononcer sur la demande. Il importait de rappeler ici ce principe fondamental : il explique l'énumération qui va suivre.

91. — La compétence en matière de restitution appartient tout d'abord au préteur, qui même, en créant la *restitutio minorum*, s'était réservé le droit exclusif de statuer sur la demande (l. 1 § 1, Dig. IV, 4). Après que la restitution eut passé de l'édit du préteur urbain dans celui du préteur pérégrin (ll. 12, 15, 25

et 27, Dig. *eod.*) ce dernier connut des demandes en restitution formées entre pérégrins ou entre pérégrins et citoyens romains. Quant aux autres préteurs, ils eurent aussi, chacun dans sa sphère, le pouvoir d'accorder la restitution ; c'est ainsi que le préteur fidéicommissaire fut compétent pour les demandes relatives aux fidéicommis, le *prætor fiscalis*, pour celles intéressant le fisc.

Plus tard, quand les préteurs eurent perdu l'influence prépondérante qu'ils avaient eue dans les affaires judiciaires, l'on put s'adresser encore au *præfectus urbi* (l. 16, § 5, l. 38, pr. Dig. IV, 4) et au *præfectus prætorio* (l. 17, *eod.*) — Dans les provinces, le droit romain était resté un droit étranger, jusqu'à l'époque où Caracalla avait accordé à tous les habitants de l'empire le droit de cité : à partir de ce moment, la compétence en matière de restitution appartint aux *præsides* dans les provinces du sénat, aux *legati principis* dans les provinces impériales (1) (l. 42, Dig. *eod.*) — Aux magistrats que je viens de citer, ajoutons dans une certaine mesure, les édiles à Rome, les questeurs dans les provinces, et depuis Constantin les *vicarii* dans les diocèses et les préfets dans les quatre grandes préfectures. — Enfin, au-dessus de tous était l'empereur, chef suprême de l'État, réunissant en lui tous les pouvoirs : sa compétence en matière de restitution ne peut être mise en doute, car elle est attes-

(1) Les gouverneurs furent même compétents avant l'époque de Caracalla pour les demandes formées par les citoyens romains habitant leurs provinces ; ainsi s'expliquent différents textes antérieurs à Caracalla et notamment la loi 39, Dig. IV, 4 où Scævola parle d'une restitution prononcée par le *præses provinciæ*.

tée par un grand nombre de textes (ll. 10, 18, 38, pr. Dig. IV, 4).

92. — L'énumération que je viens de présenter, concorde parfaitement avec cette proposition de Paul, que la restitution est *magis imperii quam jurisdictionis*. Ce qui justifie au surplus cette proposition, c'est l'incompétence certaine en matière de restitution des arbitres, des magistrats municipaux (l. 26, Dig. XL, 1 et sous l'empire de la procédure formulaire, des *judices*. Bornons-nous à rappeler en ce qui concerne les *judices* que sous l'empire de la procédure formulaire la restitution était l'une de ces *extraordinariæ cognitiones*, dans lesquelles le préteur devait connaître de l'affaire tout entière : « ubicumque causæ cognitio, ibi prætor desideratur et decretum prætoris. » (L. 9, § 1, Dig. I, 16, l. 105, Dig. L. 17).

On comprend que la chute du système formulaire et la disparition d'une double procédure *in jure* et *in judicio*, durent amener quelques modifications aux règles de la compétence en matière de restitution. Ces modifications, je vais les faire connaître, en étudiant une constitution importante de Justinien. — Dans la loi 3 Cod. II, 47, l'empereur expose que de son temps l'on discutait la question de savoir si le juge *cui aliqua jurisdictio erat*, avait seul le pouvoir d'accorder la restitution ou bien, si ce pouvoir appartenait aussi aux *judices pedanei* : pour trancher la controverse, il décide que les *judices pedanei* nommés par l'empereur ou par les *reipublicæ administratores* pourront dorénavant accorder la restitution, non pas seulement dans les cas où ce pouvoir leur aurait été spécialement conféré, mais encore dans les causes qu'ils auraient à juger et dans lesquelles une restitution deviendrait incidemment nécessaire. — Justinien ne dit pas quels fonctionnaires sont compris sous la dénomination de *reipublicæ administratores*, mais tous les auteurs sont d'accord pour y faire rentrer seulement les magistrats préposés à de hautes fonctions administratives, tels que le *præfectus urbi*, le *præfectus prætorio*, les *vicarii* et les gouverneurs de province. — Enfin par la même constitution, Justinien refuse expressément la compétence à plusieurs classes de juges, les arbitres, les juges choisis par les parties, ceux nommés par les *judices pedanei* ou par les juges *qui propriam jurisdictionem non habent*.

93. — La constitution de Justinien soulève une question grave, celle de savoir ce qu'est au juste le *judex pedaneus*. Pour beaucoup d'interprètes il n'est autre que le *judex* de l'ancien droit; quelques-uns cependant pensent que ce nom de *judex pedaneus* fut donné au magistrat municipal (1). — Cette dernière opinion est tout à fait inadmissible, car on ne conçoit pas que le *judex pedaneus* nommé par l'empereur ou par les *administratores reipublicæ*, pour connaître souvent de l'appel à la sentence émanée d'un magistrat municipal ait pu être un autre magistrat municipal. Quant au premier système, il ne peut pas non plus être accepté d'une façon absolue, le *judex* ayant disparu avec la procédure formulaire, tandis que le *judex ped*[illegible]*us* existait déjà sous l'empire de cette procédure [illegible]sta seul avec la procédure extraordinaire.

(1) Notamment Hugo — *Rechtsgeschichte* p. 875.

Voici la définition, exacte, selon moi, que donne du *judex pedaneus* le bréviaire d'Alaric : « Pedanei judices, id est qui ex delegatione causas audiunt... » (ad Pauli S. R. V. 18 § 1.) Les pouvoirs du *judex pedaneus* ont donc leur cause, leur principe dans une délégation conférée par le magistrat. C'est ainsi que la loi 5 Cod. III. 3, avait déjà dit : « Quædam sunt negotia in quibus superfluum est Moderatorem expectare provinciæ, ideoque pedaneos judices (hoc est qui negotia humiliora disceptant) constituendi damus præsidibus potestatem. » — De tout ceci il résulte que les magistrats laissaient à des juges nommés par eux (*judices pedanei*) la connaissance des moindres affaires, même de celles qui, autrefois, avaient été réservées à la *cognitio prætoria* ; ces affaires étaient instruites tout entières par le juge ainsi nommé, elles étaient portées directement devant lui, dirigées et terminées par lui et par lui seul. Or, en comparant le rôle des juges du système formulaire à celui des *judices pedanei*, on remarque immédiatement entre l'un et l'autre deux différences profondes : tout d'abord les juges ne pouvaient jamais connaître d'une affaire réservée à la *cognitio prætoria* ; en second lieu ils n'instruisaient pas toute l'affaire laissée à leur connaissance, puisque la *litis contestatio* avait lieu devant le magistrat qui traçait même, dans la formule, la marche à suivre *in judicio*.

Si l'on envisage ainsi le rôle du *judex pedaneus* (1), on comprend parfaitement que des contestations aient pu surgir quant à la compétence de ce fonctionnaire en matière de restitution : il s'agissait

(1) Burchardi, p. 435 et suiv.

en réalité de savoir si le magistrat investi de la *jurisdictio* pourrait ou ne pourrait pas déléguer le droit qu'il avait de prononcer la restitution, question que Justinien trancha par sa constitution.

94. — Je n'en ai pas fini avec la loi 3 Cod. II. 47, car elle a donné naissance à un autre système qu'il convient maintenant d'examiner. Ce système admet bien que le *judex pedaneus* de la loi 3, n'est pas le magistrat municipal ; mais il pense que notre loi a donné compétence en matière de restitution non seulement aux *judices pedanei*, mais encore à tous les magistrats ayant à un degré quelconque la *jurisdictio*, et par conséquent aussi au magistrat municipal. Le texte de la loi 3 semble en effet justifier cette opinion dans les passages suivants : « Cum scimus esse dubitatum de restitutionibus quæ in integrum postulantur, sive tantummodo apud judicem, *cui aliqua jurisdictio est*, examinari... » et plus loin : « ... eos tantum volumus tales causas dirimere, qui vel certæ administrationi, cui et jurisdictio adhæret præpositi sunt, vel ab his... » Or, dit-on, le magistrat municipal est incontestablement investi de la *jurisdictio* ; donc en vertu du texte cité, il peut prononcer sur une question de restitution. Ce raisonnement pourtant n'est pas décisif, et ce qui me porte à le repousser, c'est ce détail que Justinien en parlant incidemment du magistrat *cui aliqua jurisdictio est*, se réfère à des règles de compétence déjà existantes avant lui. Il n'a certainement pas eu l'intention d'innover sur ce point spécial, encore moins celle de modifier les attributions du magistrat municipal, il ne s'est occupé et n'a voulu s'occuper que des *judices pedanei*. La constitution de Justinien n'est donc pas assez expli-

cite pour vous autoriser à abandonner les anciens principes.

95. — Ainsi, les magistrats compétents, à l'époque de Justinien, pour connaître de la demande en restitution, ce sont les magistrats *qui jurisdictioni præsunt*, et leurs délégués, *les judices pedanei*.

Il est à remarquer que les magistrats peuvent accorder la restitution même contre leurs propres décisions (l. 16, § 5, Dig. IV, 4). L'explication de ce fait est donnée, sous forme de parallèle entre la restitution et l'appel, par la loi 17 qui dit : « Appellatio iniquitatis sententiæ querelam, in integrum vero restitutio erroris proprii veniæ petitionem, vel adversarii circumventionis allegationem continet. » La demande en restitution étant une demande nouvelle n'implique aucune critique de la première sentence, et, s'il en est ainsi, quel inconvénient y a-t-il à en laisser la connaissance au premier juge? — De même, le magistrat peut restituer le mineur lésé contre la sentence d'un autre magistrat qui lui est inférieur ou au moins égal, mais il est incompétent pour connaître d'une demande en restitution contre la décision d'un magistrat supérieur : « Minor autem magistratus contra sententiam majorum non restituet. » (L. 18 pr., Dig. IV, 4.) Par suite de ce principe qui tient à la constitution politique des Romains, ne peut être prononcée que par l'empereur seul, la restitution contre une décision émanée soit du prince (l. 18, §§ 1 à 3), soit d'un juge nommé par lui (l. 18, § 4), soit d'un *procurator Cæsaris* (l. 1, Cod. II, 47). — Cependant, par exception au principe, le mineur, pour obtenir la restitution contre une décision du préfet du prétoire, ne peut s'adresser qu'au préfet du prétoire lui-même (l. 1,

§ 2, Dig. I, 11, l. 17, Dig. IV, 4). Il y a ici dérogation évidente au droit commun, puisque, selon les principes généraux, l'empereur tout au moins serait compétent pour connaître de la demande. Cette dérogation est la conséquence d'un privilége particulier attaché à la personne du *præfectus prætoris*.

96. — II. — Après avoir indiqué le juge compétent, je dois m'occuper du rôle des parties dans l'instance. — La première règle à poser, c'est que la restitution ne peut être prononcée d'office, que, par conséquent, pour être prononcée, elle doit avoir été formellement demandée par le mineur lésé. Cette règle, il est vrai, n'est exprimée nulle part dans les textes, mais elle n'en est pas moins certaine, et je n'en citerai qu'une seule preuve, décisive selon moi. Celui qui demande la restitution au nom du mineur doit être muni d'un pouvoir régulier et spécial (l. 25, § 1, Dig. IV, 4) : or, ce pouvoir serait évidemment inutile si le juge pouvait prononcer d'office.

Le mineur ne doit pas se borner à demander formellement la restitution, il doit encore appeler en cause son adversaire, la loi 13 pr. dit en effet : « Causa cognita et præsentibus adversariis, vel si per contumaciam desint, in integrum restitutiones perpendendæ sunt » et, aux termes de la loi 29, § 2, la restitution conférée hors la présence du défendeur ou sans qu'il ait été régulièrement appelé, ne peut lui être opposée. — Devant le magistrat, le demandeur doit prouver deux choses : en premier lieu, qu'il a subi une lésion «... se circumventum doceat (l. 7, § 3) se captum esse proponatur (l. 11, § 3) ; » en second lieu, il doit prouver qu'il était mineur au moment de la lésion «... apud præsidem petierunt in integrum restitutionem minores et de ætate sua probaverunt (l. 39 pr). » Quant aux autres conditions de la restitution, il appartient au magistrat de rechercher si elles existent, à l'adversaire de prouver qu'elles n'existent pas.

La décision rendue sur une demande en restitution, est susceptible d'appel de la part du demandeur (l. 38 pr.) aussi bien que de la part du défendeur (l. 39 pr.); du reste, ici rien de spécial, il faut appliquer les règles ordinaires.

97. — III. Comment le magistrat procède-t-il pour accorder la restitution? — 1° Il peut instruire lui-même l'ensemble de l'affaire, exiger du demandeur qu'il fasse immédiatement la double preuve de la lésion et de l'existence de la minorité au moment de la lésion, examiner les questions accessoires qui se rattachent à la demande, puis accorder une restitution définitive et sans réserve. Le rétablissement de l'état de droit antérieur est alors une conséquence forcée, immédiate, de la décision intervenue. — 2° Mais le magistrat peut aussi se borner à examiner ce qui, dans l'affaire en litige, a trait directement à la question de restitution, laissant au juge ordinaire la connaissance des questions accessoires. Le magistrat peut même laisser de côté quelques-uns des points qui rentrent plus particulièrement dans l'examen de la demande en restitution, tels que l'existence de la lésion, la prescription de la demande, etc. Il accorde la restitution, mais à charge, par le demandeur, de faire la preuve de ces faits dans l'instance ordinaire (1). La restitution est alors prononcée conditionnellement.

98. — Dans la première hypothèse, lorsque l'en-

(1) Demangeat, t. II, p. 628. — Burchardi, p. 440.

semble de l'affaire a été soumis à la *cognitio prætoria*, les parties se font aussitôt après la décision du préteur, les prestations respectives nécessaires pour rétablir la situation antérieure. Dans le second cas, au contraire, la décision du préteur n'est, en quelque sorte, qu'un préliminaire de la solution ; la restitution est accordée quelquefois définitivement, quelquefois conditionnellement; mais il faut toujours de nouveaux débats portés devant le juge ordinaire, et une seconde sentence pour savoir si cette restitution aura effet ou si elle sera définitive. Ces débats complémentaires se présentent de la manière suivante : le demandeur intente son action *in rem* ou *in personam*, comme si l'acte contre lequel il a demandé la restitution n'avait pas eu lieu; cet acte ne pourra lui être opposé par le défendeur, parce que l'exception nécessaire à ce dernier n'a pas été insérée dans la formule. Si maintenant la restitution n'a été que conditionnelle, le préteur indique dans la formule les conditions sous lesquelles le juge devra condamner le défendeur. Il en serait à peu près de même si, au lieu d'une action intentée par celui qui demande la restitution, il s'agissait d'une action dirigée contre lui: étant *in jure*, il demande au magistrat d'insérer dans la formule l'exception dont il a besoin, comme si l'acte préjudiciable n'avait pas eu lieu, et, comme l'action, l'exception peut n'être accordée que conditionnellement.

99. — La seconde instance dont je viens de parler, est le *judicium rescissorium*, par opposition à la première, que l'on est convenu d'appeler le *judicium rescindens*. Quant à l'ensemble de l'opération, les jurisconsultes, lorsqu'ils en parlent, disent : « Rescissa usucapione, alienatione, renuntiatione, sententia, etc.,

datur actio vel exceptio; » ou encore : « Rescisso negotio datur judicium (l. 13, § 1, Dig. IV, 4). » Dans d'autres textes, on applique à l'action et à l'exception rescisoire le qualificatif d'*utiles* (l. 7, § 10 et 25 pr.); action et exception sont utiles en effet, car elles ne sont pas fondées selon le pur droit civil; j'ajoute même qu'elles sont fictices, puisqu'en réalité elles renferment une *fictio prætoria*, à savoir que le fait préjudiciable ne s'est pas produit.

100. — Tout ce qui précède paraît s'appliquer uniquement à la procédure formulaire, et il n'est pas douteux que la restitution *rescisso negotio* devint plus rare après l'abolition de l'*ordo judiciorum*. Cependant cette procédure ne disparut pas tout à fait sous l'empire de la procédure extraordinaire. En effet, le magistrat *qui jurisdictioni præest* peut prononcer encore une restitution *rescisso negotio*, à charge par le demandeur d'introduire l'instance ordinaire, le *judicium rescissorium*, devant un autre juge, même incompétent en matière de restitution, tel que le magistrat municipal, le *compromissarius judex*, ou le juge nommé par un *judex pedaneus*.

101. — Quel intérêt y avait-il à laisser la solution en suspens, et à renvoyer les parties devant le juge ordinaire? Cet intérêt est facile à saisir. — Je suppose un mineur demandant la restitution contre une aliénation consentie par lui; pour prononcer une restitution immédiate et sans réserve, il faudrait examiner souvent des questions tout à fait indépendantes de la demande en restitution elle-même : le demandeur était-il bien en possession du droit qu'il vient réclamer aujourd'hui? était il propriétaire de la chose qu'il demande à faire rentrer dans son patrimoine, etc.? Or, rien ne

s'oppose à ce que ces questions accessoires soient examinées par le juge ordinaire. Le magistrat peut donc dire au demandeur : je reconnais que les conditions de la restitution existent, et, en conséquence, je rescinde l'aliénation ; je consens à considérer, comme non avenu, cet acte qui a été pour vous l'occasion d'un préjudice ; quant à faire rentrer immédiatement dans votre patrimoine la chose aliénée, je ne le puis, car je ne sais si, même en considérant l'aliénation comme non avenue, vous avez droit à la chose. Cette question, il ne me convient pas de l'examiner, car le juge ordinaire peut la trancher aussi bien que moi : allez avec votre adversaire, la vider devant lui. « Rescissa alienatione datur in rem judicium. »

Ainsi comprise, la distinction entre le *judicium rescindens* et le *judicium rescissorium*, se justifie pleinement. Le magistrat *qui jurisdictioni præest* et ses *judices pedanei*, connaissent seuls de la demande, à eux de prononcer la restitution ; quant à la question de savoir si cette restitution sera utile au défendeur, le juge ordinaire pourra la trancher.

102. — La théorie que je viens d'exposer, résulte d'un grand nombre de textes épars au *Digeste*, et notamment des lois 13, § 1, Dig. IV. 4 ; 39 pr. *eod ;* 39 pr., XXI, 2 ; 8, IV, 1 et 9, § 4 ; XII, 2.

La distinction de la *cognitio prætoria* et de la restitution *rescisso negotio*, est d'abord indiquée d'une façon très-claire dans la loi 13, § 1 : « Utputa rem a minore emisti et alii vendidisti, potest interdum adversus possessorem restitui... et hoc vel cognitione prætoria, vel rescissa alienatione, dato in rem judicio. » De même dans la loi 9, § 4, Dig. XII, 2 : « Si minor 25 annis, detulerit jusjurandum et hoc ipso captum se doceat, adversus exceptionem jurisjurandi replicari id debebit, ut Pomponius ait. Ego autem puto, hanc replicationem non semper esse dandam, sed plerumque ipsum prætorem debere cognoscere an captus sit, et sic in integrum restituere » Si le tiers oppose l'exception de serment, le mineur demandera l'insertion dans la formule d'une *replicatio* fondée sur le préjudice qu'il a souffert, *replicatio* qui lui sera accordée si le magistrat estime que la restitution est admissible : le juge connaît alors de l'affaire par voie d'action rescisoire, ou plutôt d'exception rescisoire. C'est donc au second procédé de restitution que fait allusion la première phrase du texte ; dans la suivante, il s'agit, au contraire, de la *cognitio prætoria :* « Sed ipsum prætorem debere cognoscere... »

La loi 9, § 4, Dig. XII, 2, établit encore un autre point spécial de notre théorie, c'est que le magistrat peut se dispenser d'examiner lui-même toutes les conditions de la restitution, lorsqu'il se contente d'accorder une restitution conditionnelle : «... Et hoc ipso captum se dicat, replicari id debebit... Ego autem puto... plerumque ipsum prætorem debere cognoscere an captus sit. » Si le préteur doit, *le plus souvent*, examiner la question de lésion, il ne doit pas, du moins, l'examiner toujours, et il peut en abandonner la connaissance au juge ordinaire.

103. — Le magistrat saisi d'une demande en restitution, peut terminer seul toute l'affaire ; en voici la preuve dans la loi 36 pr., Dig. XXI, 29, qui reproduit à peu près l'hypothèse de la loi 13, § 1, Dig. IV, 4. La restitution étant poursuivie en même temps contre l'acquéreur et contre le sous-acquéreur de la chose qui appartenait au mineur, le sous-acquéreur demande

à exercer un recours en garantie contre son auteur, et le texte dit, à ce sujet : « Justam Seius rem postulat, nam si ei fundus prætoria cognitione ablatus fuerit, æquum erit et per eumdem prætorem restitui. » C'est donc la *cognitio prætoria* qui fait ici rentrer dans le patrimoine du mineur ce qui en était sorti : par elle, le jugement de l'affaire est complétement terminé.

Dans la restitution *rescisso negotio*, il existe, au contraire, deux instances distinctes : les lois 46, § 3, Dig. III, 3 et 7, § 1, Dig. XLVI, 1, justifient cette proposition. — Le demandeur qui a obtenu la restitution contre un jugement peut forcer celui qui, dans la première instance, s'est présenté au nom du défendeur, à défendre encore dans l'instance que nécessite le *restitutorium judicium* : « .. Si actor in integrum restitutus sit, an cogendus sit defensor restitutorium judicium accipere? » Ainsi donc, deux instances : d'une part, le *judicium rescindens*, qui prononce la restitution; de l'autre, le *judicium restitutorium*, dans lequel le demandeur se fait adjuger le bénéfice que doit lui procurer la restitution. — De même, dans la loi 7, § 1. Le mineur trompé a pour se défendre une exception qui est *rei cohærens;* s'il a été simplement lésé sans qu'il y ait eu fraude de la part de l'adversaire « tunc nec ipse ante habet auxilium quam restitutus fuerit, nec fidejussori danda est exceptio. » Ici encore la décision sur la question de restitution ne termine pas l'affaire, et il faut une seconde décision pour que le demandeur puisse recueillir le bénéfice de la restitution prononcée à son profit.

104. — La théorie exposée aux §§ 97 à 101 est donc fondée sur les textes; mais il importe de savoir s'il

dépend absolument du magistrat de procéder par l'un ou l'autre des deux moyens mis à sa disposition.

Il est certain que, dans un certain nombre de cas, la voie de l'action rescisoire est matériellement impossible. Ainsi, un mineur vend par erreur la chose qui lui a été prêtée à titre de commodat, louée ou déposée; si la vente a eu lieu moyennant un prix inférieur à la valeur réelle de l'objet, le mineur sera certainement lésé, car le propriétaire par les actions *commodati, locati* ou *depositi*, exigera de lui tout au moins le paiement d'une somme égale à la valeur réelle de la chose. La restitution est donc admissible, mais comment sera-t-elle prononcée? Je dis que le magistrat devra nécessairement connaître de l'affaire tout entière, le *judicium rescissorium* étant impossible. En supposant, en effet, pour ce cas une restitution *rescisso negotio*, cette restitution serait sans utilité, car le mineur ne pourrait plus user contre son acquéreur d'aucune action, d'aucun moyen de droit, pour faire rentrer la chose entre ses mains (1). — On voit donc que la restitution *cognitione prætoria* peut seule être employée, lorsqu'il n'existe aucun moyen de droit ordinaire, par lequel, en faisant abstraction de l'événement qui a occasionné le préjudice, la situation antérieure puisse être rétablie. Si, au contraire, ce moyen de droit ordinaire existe, alors les deux modes de restitution sont possibles, et, dans ce cas, le choix de l'un ou de l'autre appartient au magistrat : c'est lui qui décide s'il connaîtra de l'affaire tout entière, ou bien s'il renverra les parties de-

(1) Burchardi, p. 443 et 465.

vant le juge ordinaire, après avoir anéanti l'acte préjudiciable.

## CHAPITRE X.

### EFFETS DE LA RESTITUTION ENTRE LES PARTIES ET A L'ÉGARD DES TIERS.

105. — I. Le but, et par suite, l'effet général de la restitution, c'est le rétablissement de l'état de droit antérieur à l'acte ou au fait préjudiciable. Mais c'est là une formule générale qu'il faut se garder d'entendre dans un sens trop absolu; pour la comprendre sainement, en effet, il faut la combiner avec une règle importante que je développerai dans la seconde partie de ce chapitre. La situation nouvelle créée par la décision du préteur doit se régler uniquement entre les parties de l'instance, et cela même lorsque la restitution a été prononcée *in rem* : la restitution doit, en règle générale, rester complétement étrangère aux tiers; elle est vis-à-vis d'eux, *res inter alios acta vel judicata*, ne devant ni leur nuire ni leur profiter. Or, en se maintenant dans cette sphère d'application, on voit que la personne restituée ne peut, le plus souvent, recouvrer dans leur intégrité les droits qu'elle a perdus. Ainsi le mineur a vendu sa chose, et n'ayant pu mettre en cause le tiers détenteur, il a obtenu la restitution *in personam* contre son acquéreur : malgré la restitution, il lui sera complétement impossible de faire rentrer la chose dans son patrimoine, impos-

sible, par conséquent, d'exercer son action en revendication comme il l'eût fait si la vente n'avait pas eu lieu. Le mineur restitué sera, dans ce cas, forcé d'accepter une indemnité du défendeur condamné, et le résultat sera le même chaque fois qu'il y aura obstacle matériel au rétablissement de l'état primitif.

106. — Sauf cette restriction, il est vrai de dire que l'*in integrum restitutio* a pour effet de rétablir la situation antérieure, non-seulement à l'égard du demandeur triomphant, mais encore à l'égard du défendeur condamné : « Restitutio autem ita facienda est ut unusquisque in integrum jus suum recipiat, l. 24, § 4, Dig. IV, 4). Pour ne m'occuper d'abord que du demandeur, en supposant la restitution prononcée contre une libération consentie par le mineur au profit de son débiteur, l'effet immédiat de la décision prétorienne est de faire revivre l'action, et avec elle toutes les garanties accessoires dont elle avait été primitivement entourée; garanties réelles : gages, hypothèques; garanties personnelles : obligations accessoires des fidéjusseurs, des *mandatores credendæ pecuniæ*, etc. (l. 27, § 2, Dig. IV, 4) (1). — Le mineur a-t il été restitué contre une adition d'hérédité; il recouvre immédiatement les créances qu'il avait eues contre l'hérédité avant l'adition, lesquelles s'étaient éteintes par confusion (l. 87, § 1, Dig. XXIX, 2.) — Restitué contre une renonciation, il reprend toutes les prérogatives de l'héritier : droit de concourir au partage des biens héréditaires, droit de poursuivre les créanciers de l'hérédité, droit de demander la *collatio bonorum* (l. 1, § 2, Dig. XXXVII, 6).

(1) Voir § 117 ci-après.

Il en est de même pour le défendeur qui, à moins d'injustice criante, ne peut être privé tout à la fois, et des avantages qu'il a retirés de l'acte rescindé, et de l'équivalent qu'il a fourni pour obtenir ces avantages. Par conséquent, le mineur doit rendre au défendeur tout ce qu'il a reçu (l. 24, § 4, l. 27, § 1, l. 47, § 1, Dig. *eod.*); il ne doit retirer aucun bénéfice de l'acte, et, par suite, il doit même céder au défendeur les actions qu'il pourrait avoir acquises contre des tiers à l'occasion de l'objet de la restitution (l. 27, § 1, Dig. IV, 4). — Remarquons cependant la différence profonde qui sépare la situation du mineur de celle de son adversaire : l'adversaire doit restituer, soit en nature, soit en argent, ce qu'il a reçu ; le mineur, au contraire, jouit d'une faveur particulière; car, de l'équivalent qu'il a reçu, il doit restituer seulement ce qu'il possède encore, ce qu'il a perdu par suite de son dol, ou ce qui a servi à son utilité, *quod in rem ejus versum est* (l. 7, § 5, l. 24, § 4, Dig. *eod.*).

**107.** — Si le mineur a perdu ou dissipé autrement que par son dol la chose qu'il devrait restituer, le défendeur subit donc un préjudice, et cela, par suite d'un obstacle de fait. Voici maintenant un cas dans lequel un obstacle de droit produira le même résultat. Je suppose la restitution prononcée contre une adition d'hérédité : les créanciers héréditaires payés avant la restitution conservent intactes les sommes qu'ils ont reçues; quant aux autres créanciers, qui seuls ont défendu à la demande en restitution, ils sont obligés de se contenter des biens restant encore dans l'hérédité, tandis que, si le mineur n'avait pas fait adition, tous les créanciers auraient eu droit a une répartition proportionnelle (l. 31, Dig. IV, 4). — Si le mineur était héritier pour partie seulement, l'hypothèse serait identique, car les cohéritiers du mineur restitué ne sont pas contraints d'accepter par voie d'accroissement la part de ce dernier, ni d'acquitter la portion à sa charge des dettes héréditaires, comme il serait arrivé si le mineur n'avait pas fait adition (l. 61, Dig. XXIX, 2). — Ce sont là, du reste, des conséquences du principe que la restitution reste étrangère aux tiers.

108. — L'obligation contractée par le majeur de 12 ou 14 ans, mineur de 25 ans, est toujours susceptible de rescision pour cause de lésion, sauf dans une période déjà avancée du droit, l'obligation contractée par le mineur pourvu d'un curateur permanent et sans l assistance de ce curateur (§ 11). — Si la restitution est prononcée, l'obligation civile est certainement éteinte ; en est-il de même de l'obligation naturelle? Bien qu'aucun texte ne résolve la question, elle n'est pas sérieusement controversée et l'on admet assez généralement que l'obligation naturelle survit à la restitution. S'il est vrai, en effet, que l'impubère obligé sans l'*auctoritas tutoris* est tenu au moins d'une obligation naturelle, il est difficile de penser que le même résultat ne se produise pas pour le mineur de 25 ans. Il faut donc appliquer à l'obligation rescindée toutes les conséquences de l'obligation naturelle et décider qu'elle est susceptible d'être payée sans que le paiement effectué donne lieu à une *condictio indebiti*, susceptible d'être novée, d'être garantie par fidéjusseurs, etc. (1).

109. — Comment se font les prestations réciproques,

(1) Machelard, *Obligations naturelles*, 1re partie, § 2, art. 4.

au cas de restitution *in rem?* Le mineur restitué doit certainement rendre ce qu'il a reçu en échange de la chose qu'il revendique, mais à qui doit-il rendre? Est-ce à celui qui a traité directement avec lui? est-ce au tiers possesseur? D'un côté, il semble équitable d'accorder au tiers dépossédé tout au moins ce que le mineur va débourser pour faire rentrer la chose dans son patrimoine; mais, en sens inverse, on peut faire observer que le tiers dépossédé a un recours, pour cause d'éviction contre son auteur, et qu'il n'est pas nécessaire de lui accorder une protection spéciale. — Je crois, cependant, que le prix doit être restitué au tiers acquéreur; c'est lui qui est partie dans l'instance et il y aurait injustice évidente à accorder la restitution du prix au premier acquéreur qui peut devenir insolvable avant l'issue de l'action en garantie. Dans ce cas, le défendeur à la restitution serait, à vrai dire, dépouillé, et ce danger n'est pas à craindre, si le prix est restitué directement au tiers détenteur : le premier acquéreur, lui non plus, n'en souffrira pas, car le prix viendra en déduction de l'indemnité à laquelle il sera condamné dans l'instance en garantie.

Au surplus, je pense que le tiers détenteur contre lequel la restitution a été prononcée n'est tenu de livrer la chose que contre la remise du prix, s'il existe encore entre les mains du mineur, ou si le mineur en a fait un emploi utile : si cette remise n'était pas offerte, le tiers pourrait rester en possession en opposant à son adversaire l'exception de dol (l. 14, Cod. V, 71, et arg. de l. 13 *in fine*, Dig. XXVIII, 9).

110. — II. — Voilà pour les effets de la restitution à l'égard des parties en cause; quant aux effets vis-à-vis des tiers, la règle fondamentale, celle qui domine la

matière est la suivante : la restitution est et doit rester complétement étrangère aux tiers, aux personnes qui n'ont pas été parties dans l'instance; elle ne peut leur être d'aucune utilité, elle ne doit leur causer aucun préjudice (1). Je vais indiquer d'abord un certain nombre d'applications de notre règle, puis je signalerai d'importantes exceptions qui y sont apportées.

Un mineur obtient la restitution contre une adition d'hérédité faite par lui : sa part n'accroît pas nécessairement à ses cohéritiers, qui peuvent refuser l'accession (l. 61, Dig. XXIX, 2); les manumissions faites avant la restitution, subsistent (l. 3, Cod. VII, 2); les acquéreurs de biens héréditaires, les créanciers payés avant la restitution, n'ont rien à rapporter à la masse (l. 22 pr.); enfin, les créanciers non payés ne perdent pas même leurs droits contre le mineur restitué, s'ils n'ont pas été mis en cause (l. 29, § 2). — En cas de restitution contre la renonciation à une hérédité, le mineur restitué ne peut revenir sur les actes valablement faits avant cette restitution, par exemple, sur les aliénations émanées du curateur (l. 22, *in fine*). — Lorsque l'un de plusieurs fidéjusseurs obtient la restitution, sa part dans la dette n'incombe pas aux autres fidéjusseurs, à moins qu'il n'y ait solidarité entre eux (l. 48, § 1, Dig. XLVI, 1). — Le mineur restitué qui a aliéné la chose dont la restitution peut lui être demandée, ne peut réclamer cette chose au possesseur actuel, mais il doit s'entendre avec son adversaire pour lui fournir un équivalent. — De même, la restitution accordée au fidéjusseur mineur ne libère

(1) C'est une application du grand principe : *Res inter alios acta vel judicata aliis neque nocet neque prodest.*

pas le débiteur principal (l. 18 pr., Dig. IV, 4) accordée à un *correus debendi*, elle ne libère pas les autres *correi* (l. 10, Dig. XLV, 2); prononcée au profit de l'un de plusieurs intéressés dans une affaire, elle ne profite pas aux autres (l. 47, § 1, Dig. IV, 4).

**111.** — Voyons maintenant les exceptions à notre règle; ces exceptions sont assez nombreuses, mais j'indiquerai seulement les principales, en commençant par la plus importante de toutes, celle qui est relative aux fidéjusseurs.

Le fidéjusseur du mineur restitué est un tiers dans la véritable acception du mot, puisqu'il n'est et ne peut être partie à l'instance, le droit de demander la restitution lui étant expressément refusé (§ 82 ci-dessus). Or, quel est, vis-à-vis de lui, l'effet de la restitution? Il semble bien que l'obligation principale étant éteinte, l'obligation accessoire doive disparaître aussi, cette dernière ne pouvant subsister sans la première. Cependant Ulpien dit, à la loi 3, § 4, Dig. IV, 4) : «Solet *interdum* fidejussori minoris prodesse auxilium.» Il existe donc des hypothèses dans lesquelles la restitution ne profite pas au fidejusseur, dans lesquelles, malgré la restitution, le fidéjusseur reste obligé; ce qui n'a rien d'étonnant, si, comme je l'ai montré plus haut (§ 108), l'obligation naturelle survit à la restitution.

**112.** — Le premier cas à considérer est celui dans lequel le fidéjusseur, en intervenant pour le mineur, a entendu s'obliger accessoirement, précisément pour le cas où le mineur, débiteur principal, obtiendrait la restitution. Ici, pas de doute, il ne peut être question de libération au profit du fidéjusseur (l. 13, pr., Dig. IV, 4). Il faudrait en dire autant d'un *mandator* *credendæ pecuniæ*, car le *mandator*, ayant poussé, en quelque sorte, le tiers à contracter, reste toujours, après la restitution, soumis à l'action *mandati*. Mais le fidéjusseur, le mandant, qui ont payé la dette du mineur restitué, conservent-ils leur recours contre le débiteur principal? La question n'est pas douteuse; si le débiteur accessoire n'a pas été mis en cause dans l'instance en restitution, car la restitution est alors, à leur égard, *res inter alios judicata*. Cependant Ulpien, dans la loi 13 pr., indique la solution et le motif à l'appui avec quelque hésitation. La loi 1, Cod. II, 24, plus nette que la précédente, admet franchement le recours contre le mineur restitué : elle ne s'explique pas, il est vrai, sur le cas où ce recours est admis; mais il est bien évident, le texte de Paul suffirait à le prouver, que le recours est complétement impossible lorsque le fidéjusseur a été mis en cause en même temps que le créancier.

113. — Au cas où le fidéjusseur a entendu s'obliger en vue de la restitution, il faut assimiler celui-ci : Il n'a rien été dit à ce sujet, mais le fidéjusseur connaissait, au moment où il s'est obligé, l'état de minorité du débiteur principal; alors la présomption est que le fidéjusseur est intervenu pour garantir le créancier, non-seulement contre l'insolvabilité de ce débiteur, mais, en outre, contre tous les dangers de la minorité. Paul dit, en effet (S. R. I, 9, § 6) : « Qui sciens, prudensque, se pro minori obligavit, si id consulto consilio fecit, licet minori succurratur, ipsi tamen non succurretur. » D'où l'on a conclu, par *a contrario*, que la restitution profiterait au fidéjusseur, s'il avait ignoré la minorité du débiteur principal : mais il faudrait qu'il eût eu de bonnes raisons d'ignorer. Comme

en toute autre matière, l'erreur grossière ne serait pas excusable.

Dans ces hypothèses, le fidéjusseur qui s'est exécuté conserve encore, s'il n'a pas été mis en cause, son recours contre le débiteur principal.

114. — Les principes développés aux trois paragraphes précédents expliquent deux textes du Digeste, les lois 95, § 3, XLVI, 3 et 48, § 1, XLVI, 1.

Voici l'hypothèse prévue par la première de ces lois : un fidéjusseur a cautionné la dette d'un mineur de 25 ans; le fidéjusseur étant devenu l'héritier du débiteur principal, pourra-t-il obtenir la restitution à laquelle ce dernier aurait eu droit? Papinien n'hésite pas à répondre par l'affirmative, mais ce qui explique la solution proposée, c'est que le fidéjusseur s'est obligé *sine contemplatione juris prætorii*, c'est-à-dire qu'en se portant fidéjusseur, il a entendu s'obliger uniquement en vue de l'insolvabilité du débiteur principal et non en vue des dangers de la minorité. Le fidéjusseur aurait donc profité de la restitution, même au cas où elle aurait été demandée par le mineur lui-même. — Quant à la loi 48, elle s'occupe d'une hypothèse toute différente. Deux fidéjusseurs, l'un majeur, l'autre mineur, sont intervenus en faveur du débiteur principal; si le fidéjusseur mineur obtient la restitution, le majeur sera-t-il tenu pour le tout? Pourra-t-il, au contraire, invoquer le bénéfice de division? En d'autres termes, est-ce le créancier ou le fidéjusseur majeur qui souffrira de la restitution? Si le majeur est intervenu le premier, il devra supporter toute la dette, car, en s'obligeant, il s'est obligé pour le tout et il ne doit pas profiter de la restitution prononcée au profit d'un cofidéjusseur intervenu après coup, même s'il ignorait l'âge du cofidéjusseur et la possibilité d'une restitution en sa faveur. S'il y a eu fidéjussion simultanée, ou bien la minorité était connue au moment de la fidéjussion, ou bien elle ne l'était pas : au premier cas, le fidéjusseur majeur ne peut se plaindre, il connaissait la possibilité d'une restitution, et il s'est obligé pour le tout, sauf à invoquer le bénéfice de division; si, au contraire, le fidéjusseur majeur ignorait la minorité et si, du reste, il s'est obligé avec l'intention de profiter plus tard du bénéfice de division, la restitution ne devra lui causer aucun préjudice.

La même distinction devrait être faite si le fidéjusseur mineur était intervenu le premier. — Enfin, si le mineur s'est obligé par suite du dol du créancier, le cofidéjusseur majeur pourra encore profiter de la restitution.

**115.** — De tout ce qui précède, il résulte que la question de savoir si la restitution prononcée au profit du mineur doit profiter aussi au fidéjusseur, se résoud par une distinction. Le fidéjusseur profite de la restitution dans trois cas : — 1° lorsque, ayant connu la minorité du débiteur principal, il a déclaré ne vouloir s'obliger accessoirement que pour le cas de l'insolvabilité du débiteur; — 2° lorsqu'au moment de la fidéjussion, il a ignoré la minorité du débiteur principal et qu'il a eu de bonnes raisons de l'ignorer; — 3° enfin lorsqu'il y a eu dol de la part du créancier. Dans tous les autres cas, le fidéjusseur ne peut invoquer la restitution prononcée au profit du débiteur principal, et l'on applique purement et simplement la règle que la restitution ne nuit ni ne profite aux tiers.

**116.** — A côté des fidéjusseurs, il faut placer d'autres débiteurs accessoires qui sont mis sur le même pied, ainsi qu'il résulte de la loi 32, Dig., XLVI, 1. « Ex persona rei et quidem invito reo exceptio et cætera rei commoda fidejussori cæterisque accessoribus competere possunt. » — Ces autres débiteurs accessoires sont le maître et le *paterfamilias* tenus tous deux des obligations de leurs esclaves ou de leurs fils de famille par les actions *de peculio, de in rem verso, quod jussu, exercitoria*, etc. Ces débiteurs accessoires profitent du bénéfice de la restitution chaque fois que ce bénéfice pourrait être invoqué aussi par le fidéjusseur (1) : cependant il faut faire à ce sujet deux observations.

En premier lieu, il ne peut être question ici d'une dette accessoire destinée à garantir le créancier contre le danger de la minorité du débiteur principal, l'obligation accessoire existant par suite du rapport de droit qui lie le débiteur principal au débiteur accessoire. La restriction qui existe sous ce rapport en matière de fidéjussion ne se retrouve donc pas pour les autres débiteurs accessoires. — Par contre, il existe pour ces débiteurs accessoires une limitation qu'il importe de signaler. Il est des cas dans lesquels le défendeur aux actions *de peculio, de in rem verso*, etc., au lieu d'être simplement un débiteur accessoire, est au fond le véritable débiteur. Au cas de l'action *quod jussu*, cela est évident, la personne *alieni juris* ayant joué en quelque sorte le rôle d'un mandataire : il en est de même pour les actions *institoria* et *exercitoria*. Or, dans ce cas, la

(1) Burchardi, p. 581.

restitution non-seulement ne peut profiter au père de famille, mais elle ne peut pas même être accordée au mineur, parce que le père en profiterait indirectement et qu'ainsi l'on arriverait à créer une *restitutio minorum* au profit de personnes majeures.

117. — Signalons en terminant toute une série d'autres exceptions à la règle que la restitution ne nuit ni ne profite aux tiers :

Lorsque la restitution fait revivre une obligation qui s'était éteinte par voie d'acceptilation, de novation, de *pactum de non petendo*, de prescription, etc., les droits accessoires qui garantissaient cette obligation, tels que droits de gage, hypothèques, fidéjussions, etc., renaissent en même temps (l. 27, § 2). — De même, si la restitution fait disparaître une novation, la première obligation revit, quand même le débiteur primitif n'aurait pas été appelé en cause (l. 27, § 3, IV, 4, et l. un. Cod., § 1, II, 48). — Si, par suite de renonciation, le testament du *paterfamilias*, contenant une substitution pupillaire, est devenu *destitutum*, la restitution contre la renonciation aura pour effet, non-seulement de rappeler à l'hérédité, l'héritier institué, mais encore de faire revivre la substitution pupillaire contenue dans le testament au profit des héritiers substitués, même s'ils sont restés étrangers à l'instance (l. 2, § 3, Dig. XXVIII, 6). — La restitution prononcée contre l'esclave ou le fils de famille est opposable au *dominus* ou au *paterfamilias* pour les forcer à rendre à la personne restituée ce qu'ils ont acquis par l'intermédiaire de leur esclave ou de leur fils de famille et en vertu de l'acte rescindé (l. 24, §§ 3 et 4, Dig. IV, 4). — Enfin la restitution *in rem* fait naître contre l'auteur du défendeur condamné une action en garantie pour cause d'éviction, et il n'est pas nécessaire pour cela que cet auteur ait été appelé en cause (l. 15, Dig. *eod.*).

---

# DROIT FRANÇAIS

# DES ACTIONS
## EN NULLITÉ POUR VICE DE FORMES
## ET EN RESCISION POUR LÉSION
### DES ACTES INTÉRESSANT LES MINEURS

## CHAPITRE I.

### LA RESTITUTION DES MINEURS ET L'ACTION EN NULLITÉ POUR VICE DE FORMES DANS LE DROIT COUTUMIER.

I. — Ce qui fut dans le droit romain la *restitutio minorum* est devenu dans le droit actuel une action en rescision, celle-là même qui fait, en partie, l'objet de ce travail. Aussi connaissons nous les origines de notre action en rescision; j'ai dit comment elle prit naissance à Rome, sous forme d'*in integrum restitutio*, j'ai indiqué l'utilité de cette institution, ses cas d'application dans le droit romain, et enfin ses progrès jusqu'à l'époque de Justinien. Mais, dans le travail qui précède, je n'ai jamais eu à parler d'une *action en nullité* accordée aux mineurs : aux actes contre lesquels le mineur était restituable selon la loi romaine, j'ai opposé les actes nuls en droit civil, nuls *ipso jure*, et que, par suite, la restitution ne pouvait atteindre. Dans notre droit, cette nullité *ipso jure*, très-énergique, puisqu'elle agissait sans que le juge eût à intervenir, n'existe plus ; elle est remplacée par une simple annulabilité qui doit, dans tous les cas, être prononcée par le juge. Actes rescindables pour lésion, actes annulables, voilà les deux termes qu'il faut actuellement opposer l'un à l'autre : action en rescision pour lésion, action en nullité, ce sont les deux moyens mis à la disposition du mineur pour faire tomber les actes irréguliers qui l'intéressent.

Je me propose d'étudier le jeu combiné de ces deux actions sous l'empire du Code civil, de rechercher les caractères distinctifs de chacune d'elles, et surtout d'en indiquer les cas d'application. Mais auparavant il ne sera pas sans intérêt d'exposer sur ces différents points les règles de l'ancien droit ; cet exposé ne servira pas seulement à jeter sur les questions, parfois difficiles que soulève l'interprétation du Code, une lumière trop souvent dédaignée ; il montrera encore les changements successifs apportés aux diverses époques, à la théorie de la restitution des mineurs ; il nous amènera à constater et à apprécier la marche progressive de cette théorie jusque dans le droit moderne.

2. — Des pays de droit écrit, je ne dirai rien : le droit romain leur avait été conservé par le bréviaire

d'Alaric, et, par suite, les règles de la restitution romaine y restèrent en vigueur, sauf quelques innovations auxquelles je ne m'arrêterai pas, parce que nous en retrouverons quelques-unes dans le droit coutumier, et que les autres n'eurent que peu d'influence sur le développement du droit. — Je ne rechercherai pas non plus quelle fut, du cinquième au treizième siècle, la situation faite aux mineurs dans les provinces du nord de la France; l'état de la législation, pendant cette période obscure, est difficile à saisir, et l'étude que l'on en pourrait faire, au point de vue qui nous occupe, risquerait fort de ne reposer que sur de simples hypothèses.

Au treizième siècle, la lumière se fait, et trois ouvrages importants, le *Conseil de Pierre Defontaine à son amy* (1253), les *Établissements de Saint-Louis* (1270), et les *Coutumes de Beauvoisis*, de Beaumanoir (1283), nous montrent que le système de la restitution des mineurs existait à cette époque. La restitution du treizième siècle était calquée sur celle que nous avons vue appliquée à Rome; les nombreux emprunts que font aux livres de Justinien les auteurs du temps, suffiraient, au besoin, pour en témoigner. Toutefois, il est facile de comprendre que la théorie romaine ait eu à subir de sérieuses transformations pour s'adapter aux institutions juridiques de l'ancienne France. Pour mieux nous rendre compte de ces transformations, et pour étudier en même temps les diverses modifications apportées à notre théorie jusqu'en 1789, examinons successivement trois points : — 1° Quand, dans l'ancien droit, y avait-il lieu à rescision ou à annulation des actes des mineurs? — 2° Quelle était la procédure à suivre pour arriver à la rescision ou à l'annulation de ces actes? 3° — Enfin, quels étaient les effets de cette rescision et de cette annulation?

### I. Quand il y avait lieu à rescision ou à annulation des actes des mineurs.

3. — Cette première question se subdivise elle-même en trois autres, car il faut voir séparément : — 1° Quel était, dans le droit coutumier, l'âge qui arrêtait la possibilité d'une restitution ou d'une annulation à raison de la minorité; — 2° quels actes étaient sujets à rescision, lesquels à nullité; — 3° pendant quel temps la restitution ou la nullité pouvaient et devaient être poursuivies.

4. — I. A Rome, tout individu était pleinement capable à vingt-cinq ans; jusqu'à cet âge, les actes passés, soit par lui, soit par son tuteur, étaient sujets à restitution, et les ventes de ses immeubles consenties *sine decreto prætoris*, nulles *ipso jure*. Cependant, les mineurs qui avaient obtenu la *venia ætatis*, étaient considérés comme majeurs sous le rapport de la restitution, mais ils restaient quant aux aliénations immobilières, soumis aux dispositions du sénatus-consulte de Septime-Sévère. La règle était donc bien simple en droit romain; dans le droit coutumier, nous aurons à faire diverses distinctions, distinction entre les époques, distinction entre les provinces.

Au treizième siècle, l'âge de la majorité était de douze ans pour les filles, de quinze ans pour les hommes, dans la plupart des coutumes. La majorité de quinze ans avait été celle de la loi germanique, et elle devint, au moyen âge, presque le droit commun de la France coutumière. Que cette majorité existât encore au treizième siècle, les ouvrages du temps l'attestent : « Home coustumier, est-il dit dans les Établissements de Saint-Louis, chap. 14, liv. I, si est bien aagié quand il a passé 15 ans, d'avoir sa terre et de tenir service de seigneur et de porter garantise. » — « Chertaine chose est, dit aussi Beaumanoir dans ses Coutumes de Beauvoisis, au chap. 15, que li Hoir malle est agiés par nostre coustume quand il a quinze ans acomplis, et la femme quant elle a douze ans acomplis (1). » — A douze ans, à quinze ans, l'individu ne devenait pas seulement majeur, il devenait encore capable d'agir sans espoir de restitution. Beaumanoir le dit en termes formels au chap. 16 : « Bien se gart chil qui a esté souz aagies et il se aperçoit que l'on li ait fait tort ou decevanche *el tans que il fut soubz aagie*, que il dedans l'an et le jour *que il est en aage* en soit plaintiex, si il vient avoir restablissement. » — On était donc, au treizième siècle, bien loin du principe romain, accordant le secours de la restitution à tout mineur de vingt-cinq ans qui aurait été lésé.

5. — Au siècle suivant, l'âge de la majorité, au lieu d'être élevé, est encore abaissé : nous le trouvons en effet porté, grâce à l'influence croissante du droit romain, à quatorze ans, pour les hommes. Ainsi, l'article 71 de l'ancienne coutume de Bourges (1350) porte : « L'en garde par la Coutume de Berry que ung enfant est agé quand il a accompli le 14 ans et est

(1) Voy. aussi *Assises de la Court des Bourgeois du Roiaume de Jérusalem*, chap. 235, et le Conseil de Pierre Defontaines, chap. 14.

reçu en plaidant en Cour Laye, mais non en Cour d'Église, sans l'autorité de son curateur. » — Les articles 79 et 80 de l'ancienne coutume de Bretagne qui date aussi du quatorzième siècle, contiennent des dispositions analogues. Citons encore cette décision de Jean des Mares (1360) : « Enfans de pooste sont aagez à quatorze ans puisqu'ils sont masles et pucelles sont aagiées à douze ans... » et enfin la règle 34 liv. I, tit. I des Instituts coutumières de Loisel : « L'âge parfait était à 14 ans par l'ancienne coutume de France. » — Puisque l'*âge parfait* était à 14 ans, il faut en conclure qu'à cet âge aussi cessait pour le mineur la possibilité d'une restitution, qu'à cet âge il devenait pleinement capable.

6. — Cependant l'on ne fut pas longtemps sans s'apercevoir qu'une majorité de quatorze ans était, même pour les roturiers, une majorité bien précoce. Du reste, l'influence romaine continuait de s'exercer, et du quinzième au dix-huitième siècle, elle se manifesta par un travail continu des coutumes, tendant à élever l'âge de la pleine capacité, en introduisant dans la doctrine la curatelle du droit romain et la majorité de vingt-cinq ans.

Dès 1507, le besoin d'une réforme est indiqué par l'ancienne coutume d'Amiens : « Combien que ladite Coutume, est-il dit en l'article 40, ait été gardée et observée audit bailliage de si grand temps que il n'est mémoire du contraire, ne de commencement..... néanmoins *peut sembler* à correction que l'âge de 15 ans pour les enfants masles et 12 ans pour les femelles est trop bas âge. » — La coutume d'Auvergne (1510) paraît être entrée la première dans la voie nouvelle et elle explique ainsi au chapitre 13, art. 1, la transformation opérée : « Combien que par ci-devant, par la coutume du pays d'Auvergne, le mâle âgé de 14 ans et la fille de 12 ans accomplis fussent réputés d'âge parfait pour ester en jugement, faire et passer tous contrats, comme majeurs de 25 ans, néanmoins les États du pays ont consenti le *droit commun* en ce avoir lieu..... et par ce, mineur de 25 ans ne pourra dorénavant par contrat de mariage, ne autrement disposer de ses biens immeubles... » — La plupart des autres coutumes suivirent et portèrent soit à vingt ans, soit à vingt-cinq ans l'âge de la pleine capacité. Sans vouloir marquer pas à pas les progrès réalisés (1), voyons quelle fut la situation au dix-huitième siècle.

7. — A cette époque la règle romaine est devenue presque le droit commun en pays coutumier; on appelle alors mineurs, selon Pothier (Procéd. civ., chap. 4, art. 2, § 1) « ceux qui n'ont point encore accompli leur vingt-cinquième année. » Citons parmi les nombreuses coutumes qui fixent la majorité à vingt-cinq ans, outre la coutume d'Auvergne, celle d'Orléans, art. 182, *in fine*, la nouvelle coutume de Bretagne, art. 483, celles de Reims, art. 15, de Melun, art. 205, d'Auxerre, art. 256, etc. — A côté de ces coutumes, il en existe quelques unes qui ont conservé purement et simplement l'ancienne majorité de 12 et 14 ans; telles sont la coutume de Bourgogne, chap. 6, art. 3, 4 et 6, celle de Vermandois et Laon, art. 256, celle de la Marche, chap. 12, art. 74, 83. —

(1) Ce travail a été fait d'une manière très-complète par M. Flach, dans son « Étude historique sur la durée et les effets de la minorité en droit romain et dans l'ancien droit français, » p. 66-81.

D'autres ont porté cette majorité à vingt ans; telles les coutumes de Bourbonnais, art. 173, d'Artois, art. 154, de Lorraine, tit. 4, art. 13, de Normandie, etc.

Ainsi, majorité de vingt-cinq ans, de vingt ans, de douze et quatorze ans, telles sont les trois espèces de majorité que nous trouvons au dix-huitième siècle : j'indiquerai plus loin quelle fut à cette époque la situation exacte des mineurs de douze, quatorze, vingt et vingt-cinq ans, sous le rapport de la capacité, j'étudierai aussi la situation du majeur de douze, quatorze ou vingt ans, mineur de vingt-cinq ans, dans les deux dernières classes de coutumes. De cette étude il résultera que, dans le dernier état de l'ancien droit, c'est la règle romaine qui domine pour la fixation de l'âge jusqu'auquel les actes du mineur sont susceptibles de rescision pour cause de lésion ou d'annulation à raison de la minorité : cet âge est de vingt cinq ans, sauf en Normandie où il est de vingt ans, et sauf certaines distinctions sur lesquelles j'aurai à revenir.

8. — II. Passons à la détermination des actes sujets à la restitution, (1) et de ceux entachés de nullité. — En ce qui concerne la restitution, voici quel était le principe en droit romain : était susceptible de restitution pour lésion, tout acte *valable en droit civil* qui intéressait un mineur de vingt-cinq ans. Il n'y

(1) Je ne parlerai ici que des actes, laissant de côté les jugements et les prescriptions contre lesquels le mineur ne peut plus, en droit français, obtenir la restitution. En effet, pour les jugements, la requête civile remplace la restitution. (Imbert, *Manuel*, p. 130, et art. 35 du tit. 35 de l'ordonnance de 1667); quant aux prescriptions, elles ne courent plus contre les mineurs, elles dorment pendant tout le temps de la minorité. (Argou., I, chap. 7.)

avait pas à distinguer suivant que l'acte émanait du mineur seul, du tuteur seul, ou du mineur assisté ou autorisé de son tuteur ou de son curateur : la restitution était possible dans les trois hypothèses, pourvu que l'acte fût valable en droit civil et sauf une série d'exceptions faisant escorte à la règle.

La distinction que l'on avait repoussée à Rome, on ne la fit pas non plus en France, cela est certain; cependant il y eut dans le dernier état de l'ancien droit toute une catégorie d'actes qui, émanés du tuteur étaient à l'abri de la restitution; je veux parler des actes d'administration. Que l'acte du tuteur fût en principe soumis à la restitution comme celui du mineur lui-même, j'en trouve la preuve dans le passage suivant de Domat (liv. IV, tit. VI, sect. 2, 19.) « Encore que le mineur ait été autorisé de son tuteur dans l'acte dont il demande d'être relevé, la restitution ne laissera pas d'avoir son effet... Et il en serait de même de ce que le tuteur aurait fait en cette qualité sans que le mineur y eût été présent. » — Mais à cela, Pothier ajoute (Procéd. civ. V. IV. 2 § 1.) « Les mineurs *ne sont pas restitués* pour cause de lésion... contre les actes que leurs tuteurs ont faits avant leur émancipation, lorsque ces actes sont *des actes de pure administration nécessaire*; par exemple, contre des baux faits de leurs héritages pour le temps qu'on a coutume de faire des baux, contre la vente ou l'achat de choses mobilières. »

9. — C'est là une restriction qui n'existait pas à Rome et je m'empresse de constater la supériorité de la doctrine de Pothier sur celle de la jurisprudence romaine. En écartant la restitution pour les actes de pure administration, l'ancien droit accomplit

un progrès et Pothier lui-même en fait ressortir toute l'importance : « La raison, dit il, est tirée de l'intérêt même des mineurs, parce qu'autrement, ils ne trouveraient que difficilement des personnes qui voulussent contracter avec eux... ce qui leur causerait un plus grand préjudice que ne leur serait avantageux le bénéfice de restitution s'il leur était accordé contre de pareils actes. » — Le danger que signale Pothier avait-il échappé à l'esprit clairvoyant des jurisconsultes romains? je n'irai pas jusqu'à l'affirmer et je rappelle à ce propos les prudentes recommandations adressées aux magistrats chargés de prononcer sur les demandes en restitution. Mais dans le droit du dix-huitième siècle, une règle fixe remplace la libre appréciation du juge, l'arbitraire fait place à une situation nette, définie, éminemment propre à relever le crédit, là où le mineur en a le plus besoin, pour ces actes d'administration journalière, sans lesquels il ne peut vivre, sans lesquels sa fortune ne peut prospérer.

10. — Voici donc certains actes contre lesquels le mineur était restituable à Rome, contre lesquels il ne l'est plus en France : régulièrement passés, les actes d'administration sont inattaquables. — Par contre, il fallait à Rome, pour que la restitution fût possible, que l'acte fût valable selon le droit civil, règle bien simple, car il eût été tout au moins inutile de faire tomber par la restitution un acte nul en droit civil, nul *ipso jure*. Dans le droit coutumier, ainsi que nous l'avons déjà remarqué, la nullité *ipso jure* n'existe plus, toute nullité devant nécessairement être prononcée par le juge (Domat, liv. I, tit. I, sect. V, 10). Or, s'il en est ainsi, la règle qui défendait au mineur

de demander, au juge de prononcer la restitution pour lésion d'un acte nul, n'a plus aucune raison d'être; pourquoi, en effet, contraindre le mineur à faire tomber l'acte au moyen de l'action en nullité, si du reste toutes les conditions de la restitution se trouvent réunies? A mon sens, le mineur aurait ici le choix entre les deux moyens; mais, je me hâte de l'ajouter, l'action en nullité serait pour lui bien plus avantageuse que la restitution, car elle lui éviterait la nécessité de demander des lettres de rescision, et celle de justifier d'une lésion.—Ceci montre, au surplus, l'intérêt qu'il y a, dans le droit coutumier, à déterminer exactement les actes annulables et à les distinguer des actes simplement rescindables. Voyons si les cas de nullité *ipso jure* du droit romain se retrouvent, en France, transformés en cas d'annulabilité.

11.—A Rome, il y avait nullité *ipso jure* dans deux hypothèses parfaitement distinctes : 1° absence des formalités que le droit civil exigeait, c'est-à-dire du décret du magistrat pour l'aliénation et l'hypothèque des immeubles ou des choses précieuses; 2° incapacité, absence ds l'*auctoritas tutoris* dans les actes passés par l'*infans*, ou dans les actes passés par le pupille et qui n'étaient pas de nature à rendre sa condition meilleure.

La nécessité du décret d'autorisation du juge pour les aliénations immobilières apparut de bonne heure dans le droit coutumier (1), et elle existe certainement

(1) La même formalité était exigée pour le partage d'immeubles indivis avec un mineur; ce partage était nul s'il était fait sans décret du juge, car il y avait là, en réalité, une aliénation immobilière (Papon, 3e notaire, p. 640. — Ferrières, sur l'art. 239 de la cout. de Paris, glose 3e).

à l'époque des Dumoulin et des d'Argentré; mais, plus tard, la pratique exigea en outre, pour la validité de ces aliénations, la vente aux enchères et après publications. — Qu'arrivait-il lorsque les formalités n'avaient pas été observées? L'opération était nulle, d'une nullité prononcée directement par le juge et sans qu'il fût besoin de justifier d'une lésion. Les auteurs ne laissent subsister aucun doute à cet égard; ainsi d'Argentré, sur l'art. 431 de l'ancienne coutume de Bretagne, parlant d'une aliénation d'immeuble faite sans décret, dit : « *Nec de hac necessaria restitutio, cum sine decreto facta est.* » Meslé nous dit plus tard que l'acquéreur est sans titre; Guyot, que la vente faite sans les formalités requises est *nulle,* et cette nullité s'applique, quoi qu'on en ait pu dire, aussi bien à la vente passée par le mineur seul qu'à celle conclue par le tuteur seul.

12. — Dans le droit romain, lorsque les formalités avaient été observées, l'acte, pour être valable selon le droit civil, n'en était pas moins susceptible de restitution pour lésion. Cette règle existe encore en France (1). Papon le dit à la fin du seizième siècle (Restitution des mineurs, 3ᵉ notaire) : « Faudra que dans le temps ordonné de droit qui était l'an util, et aujourd'hui de dix ans à compter du jour qu'il sera entré en majorité et que les 25 ans lui seront passés, obtiène lettres pour être recou appelant dudit décret judiciel et les procédures sur lesquelles il aura été donné. » Domat le répète à la fin du dix-septième siècle (Lois civiles, liv. IV, tit. VI, sect. II, 19) : « Et

(1) — Même décision pour le partage immobilier (Ferrières, *loc. cit.*).

quoyque ce fut un acte fait en justice, le mineur pourra en être relevé s'il y en a lieu. » Enfin Guyot se range à la même opinion dans son répertoire.

Il est inutile d'insister sur les inconvénients de cette doctrine déplorable, de nature à entraver complètement les aliénations de biens de mineurs; il me suffira de dire qu'elle ne put échapper aux railleries des jurisconsultes. On a cité souvent ces paroles d'Henrys : « L'aliénation des immeubles d'un mineur est chatouilleuse; quelqu'assurance qu'on y recherche, il n'y en a point, et quelquefois ce sont les précautions qui nuisent.... Il n'y a pas d'assurance plus grande que d'acheter l'immeuble du mineur plus qu'il ne vaut. » Critiques amères, mais justes! Au Code civil était réservé l'honneur d'abolir le système ancien, et de consacrer une doctrine plus respectueuse des droits des tiers, en même temps que moins préjudiciable aux intérêts bien entendus du mineur.

13. — De la nullité pour inaccomplissement des formalités, je passe à la nullité pour cause d'incapacité : quelles furent les règles de capacité applicables au mineur, ou plutôt aux diverses classes de mineurs dans les différentes périodes de l'ancien droit?

Au treizième siècle, la majorité de droit commun est celle de quinze ans. Les auteurs assimilent alors le mineur de quinze ans au *minor 25 annis* du droit romain : « Nostre usage, dit Pierre Defontaines (XV, 35), met molt menor tens en avoir aage que le met de XV ans accompliz, que ne font les *lois* qui le mettent à XXV ans accompliz. » — Si le principe est vrai, le mineur ne pourra jamais intenter une action en nullité fondée sur son incapacité, il aura uniquement à sa disposition la rescision en cas de lésion : cette conséquence, nous la trouvons, en effet, développée par les auteurs : « Tu me demandes molt très-bien, dit encore Defontaine (XIV, 11), se uns soz-aagiez avait fet aucun marchié, là où ses preuz (profit) fust tot apertement et après demandast *restablissement* par sa volonté, aurait-le il? Et certes nenil, car lois et usage ne prent pas garde à lor volonté faire comme à leur preu et à garder les qu'il ne soient deçeu... » De son côté, Beaumanoir écrit, au chap. 16 : « Se cil qui est sous-aagé vent aucune coze et jure à la vente garantir, ou baille pleges (caution), et après, quand il est en aage, il veut débattre la vente ou le marcié qu'il fist, parce qu'il estait sous-aagiés..., et s'il ne fits point de serement, on doit moult regarder la manière du marcié comment il fut fes ; et s'on voit qu'il fust *fes sans fraude et sans malice, por le porfit du sous-aagié*, ou pour se grant nécessité, *on doit faire le marcié*, tenir et aquiter les pleges. » — Ainsi, au treizième siècle, pas de nullité pour cause d'incapacité; le mineur ne peut se plaindre que lorsqu'il a été lésé et demander alors la restitution.

14. — Il en fut sans doute de même au quatorzième siècle, après que l'influence romaine eût fait abaisser de quinze à quatorze ans l'âge de la majorité; car nous voyons encore Bouteiller, au titre 92 de sa *Somme rurale*, assimiler les pupilles aux mineurs de 25 ans. Mais, au siècle suivant, la majorité de vingt-cinq ans reparait, et l'on est amené tout naturellement, dans les coutumes qui l'adoptent, à établir une différence entre les mineurs de douze et quatorze ans et ceux de vingt-cinq ans ; on donne des tuteurs aux uns, des curateurs aux autres (Nivernais, chap. XXX, art. 5 et 8, Berry, tit. 1, art. 1, Bretagne, art. 483,

515 et 516, Orléans, 182; on déclare les engagements pris par des personnes *en puissance de tuteurs,* du tout *nuls et de nul effet et valeur,* tandis qu'on accorde seulement la restitution aux enfants pourvus de curateurs, contre les actes autres que les aliénations d'immeubles dans lesquels « ils auraient été déceux et circonvenus par leur facilité. » (Berry, tit. I, art. 1).

Ainsi, aux quinzième et seizième siècles, on en est revenu au système du droit romain: nullité pour les actes faits par le mineur en tutelle sans le concours de son tuteur, lorsque ces actes ont pour but de rendre sa condition pire ; nullité aussi pour les aliénations immobilières faites par le mineur de vingt-cinq ans sans les formalités requises; rescision pour lésion dans tous les autres cas.

15. — Telle était la situation, lorsqu'en plein seizième siècle survint la règle: *tutelle et curatelle n'est qu'un.* Écrite d'abord dans la coutume de Lorris et de Montargis, elle fut ensuite généralisée par Dumoulin, qui la posa en ces termes: « *Non facimus differentiam inter tutelam et curam, sed durat tutela semel suscepta, usque ad vigesimum quintum annum,* » et par Loisel, qui en fit une des règles de ses Instituts coutumières.

En assimilant les fonctions du curateur à celles du tuteur, le principe nouveau devait avoir pour conséquence immédiate de faire de tous les mineurs une seule classe, de les soumettre tous aux mêmes règles. La distinction indiquée au paragraphe précédent devait donc tomber, et elle tomba en effet; reste à savoir ce que devint la capacité de tous les mineurs ainsi rangés en une même classe. En réalité, c'était la curatelle qui avait disparu devant la tutelle : « *Durat tutela semel suscepta...* ». D'où il semblait devoir résulter que tous les mineurs de vingt-cinq ans, placés en tutelle, seraient désormais incapables de rendre leur condition pire, et que, par suite, les actes par eux passés sans le concours de leurs tuteurs seraient nuls pour cause d'incapacité. Ce système semble être, en effet, celui de plusieurs jurisconsultes des dix-septième et dix-huitième siècles. Ainsi Legrand écrit dans son commentaire sur la coutume de Troyes (tit. VIII, art. 139, gl. 4, n° 4) : « Tous contrats et transactions faites par les *mineurs* sans l'autorité de leurs tuteurs et *curateurs* sont *nulles*, sans que le mineur soit obligé d'avoir recours au bénéfice de restitution » Et plus loin : « Toutes *obligations* et ventes de biens par eux faites soit de *meubles* ou d'immeubles sont *nulles.* » De même Domat, dans ses *Lois civiles* : « Quelques-uns sont *incapables* de toutes conventions, comme les insensés et ceux qui ne peuvent s'exprimer ; d'autres seulement *de celles qui leur nuisent, comme les mineurs* et les prodigues. » Pothier lui-même dit quelque part : « Il y a des actes qui sont nuls de plein droit .. Les moyens de nullité contre un acte se tirent, 1° de la forme, 2° de l'incapacité de la personne ; par exemple, on opposera contre un contrat quel qu'il soit, s'il est passé par une femme sous puissance de mari... ; on opposera le *même* défaut d'incapacité contre des actes qui contiendraient *quelque promesse* ou *quelque aliénation* faite par *un mineur non émancipé* ou par *un interdit.* »

16. — On a relevé dans les écrits de Merville, de Meslé, de Guyot, de Merlin, maint autre passage re-

produisant la même doctrine, et cette doctrine pourtant n'était pas celle de la pratique. La jurisprudence des dix-septième et dix-huitième siècles nous présente, en effet, sur la question qui nous occupe de nombreux arrêts (notamment ceux du Parlement de Paris des 21 juillet 1682 et 6 février 1691) décidant « que les engagements des mineurs sont valables et légitimes en général, mais que les mineurs peuvent, en connaissance de cause, se faire restituer. » Le mineur qui a agi sans assistance ne peut donc invoquer contre l'acte par lui passé, le seul défaut de capacité, comme le prétendait Pothier, l'acte n'est pas nul, il est simplement rescindable pour cause de lésion, et voici comment la jurisprudence arriva à cette solution. Au lieu de soumettre tous les mineurs de vingt-cinq ans aux règles de capacité relatives aux *pupilli*, elle leur appliqua à tous celles écrites pour les *minores 25 annis*, elle étendit à tous l'ancien brocard : *minor restituitur non tanquam minor, sed tanquam læsus*, et leur refusa par contre l'action en nullité pour cause d'incapacité. — Cette solution, peut-être inattendue, n'en était pas moins préférable à celle que laisseraient supposer les passages de Legrand, de Domat et de Pothier, cités au paragraphe précédent; et en effet, elle protégeait efficacement le mineur sans mettre à sa discrétion les tiers avec qui il avait contracté. Aussi, les auteurs, en grand nombre, la présentèrent-ils bientôt comme incontestée (Argou, *Inst. au droit français*, liv. I, chap. 8, et liv. IV, chap. 14. — Ferrières, sur la *Cout. de Paris*, art. 239, glose 2ᵉ. — Denizart, mot : mineur), et l'on peut affirmer qu'au fond tous étaient du même avis. Ils pouvaient se laisser entraîner par une idée logique à pro-

9

clamer bien haut l'incapacité du mineur, mais ils ne manquaient pas de ramener cette incapacité au seul cas de lésion.

17. — Voilà pour la capacité du mineur dans les coutumes qui avaient adopté la majorité romaine. Mais à côté de ces coutumes étaient, d'une part, celles qui avaient conservé l'ancienne majorité de douze et quatorze ans, de l'autre, celles dans lesquelles la majorité avait été portée à vingt ans. Voyons de près quelle fut, dans ces coutumes, d'abord, la capacité du mineur de douze, quatorze et vingt ans, puis, celle du majeur de douze, quatorze et vingt ans, mineur de vingt-cinq ans.

18. — Au quinzième siècle, à l'époque où, dans les autres coutumes, on traitait différemment les mineurs de douze et quatorze ans et ceux de vingt-cinq ans, les mineurs de douze, quatorze et vingt ans, dans les coutumes à majorité coutumière, furent tous assimilés aux *pupilli* du droit romain, et on déclara par suite nuls, tous contrats par eux faits, sans l'assistance de leurs tuteurs ou curateurs. Ceci est écrit en toutes lettres dans la plupart des coutumes dont je parle. — Ainsi, l'art. 171 de la coutume de Bourbonnais porte que « contrats de vendition, donation, quittance ou *autres*, faits par enfants en puissance de tuteurs ou curateurs, *ne valent.* » — De même les coutumes de Lorraine (tit. IV, 13) et d'Épinal (tit. III, 10) déclarent nul tout contrat fait par le mineur de vingt ans « d'où sa condition puisse être faite moindre. » — L'art. 159 de la coutume d'Artois (rédaction de 1544) déclare expressément que pour « pouvoir obliger, vendre, charger ou aliéner *leurs biens* et héritages sans auctorité de curateur et décret du juge compé-

tent au regard des immeubles, *est requis* que le masle ait atteint l'eaige de 20 ans complets et la femelle l'eaige de 16 ans aussi complets. » A quoi le commentateur Maillart ajoute (n° 62) « le verbe *requérir* est de formalité. Donc si le mâle n'a pas 20 ans et la femelle 16 ans, l'obligation *pure personnelle,* la vente de l'immeuble... seront nulles. »

Cette situation se maintint jusqu'au seizième siècle, époque à laquelle, dans les coutumes de droit commun et sous l'influence de la règle : « tutelle et curatelle n'est qu'un » la condition du pupille devint semblable à celle du mineur de 25 ans. Les règles qui déterminaient la capacité du mineur dans les coutumes de droit commun passèrent alors dans celles à majorité coutumière, de sorte que, dans ces dernières aussi, les actes du mineur, à l'exception bien entendu des aliénations immobilières, furent valables, sauf à être rescindées pour cause de lésion.

19. — Quant au majeur coutumier, mineur de vingt-cinq ans, lui refuser les protections que la loi accordait aux mineurs, le dispenser des formalités prescrites pour les aliénations immobilières, mettre ses actes à l'abri aussi bien de l'action en rescision que de l'action en nullité, en un mot, le déclarer pleinement capable, c'eût été le système, sinon le plus sage, du moins le plus conforme à la lettre et à l'esprit de la loi. Mais ce système eût été en opposition formelle avec le droit écrit, et Dumoulin se chargea au seizième siècle de proposer et de faire triompher une doctrine qui se rapprochât plus du système romain. — Selon Dumoulin, la majorité coutumière du mineur de vingt-cinq ans ne mettait obstacle ni à l'action en nullité des aliénations immobilières consenties san

l'accomplissement des formalités prescrites, ni à la rescision pour cause de lésion de tous autres actes même des aliénations mobilières et des actes de pure administration. Cette opinion, Dumoulin l'exprime chaque fois que, dans ses notes sur les coutumes de France, il rencontre une disposition faisant arriver avant vingt-cinq ans l'âge de la majorité. L'art. 105 de la coutume d'Artois (rédaction de 1509), par exemple, répute le mâle majeur à quinze ans et la femme à douze ans « et eulx venus à tel eâge peeuvent contracter et disposer de leurs biens »; Dumoulin met en note : « Non intelligitur de immobilibus, et in reliquis non tollitur restitutio in integrum. »

20. — Cependant le jurisconsulte faisait à sa théorie une restriction qui n'était pas sans importance. Parmi les coutumes à majorité coutumière, il en existait quelques-unes qui, en déclarant l'individu majeur à vingt ans, lui permettaient expressément d'aliéner ou d'hypothéquer ses immeubles après cet âge : telles étaient les coutumes d'Artois (rédaction de 1544, art. 154), d'Anjou, art. 444, du Maine, art. 455. Il était impossible ici, sans violer la lettre même de la loi, d'exiger pour les aliénations immobilières les formalités prescrites pour les mineurs, de déclarer nulle une opération dont la loi reconnaissait la validité. Aussi Dumoulin décida-t-il que ces actes seraient simplement rescindables pour cause de lésion, comme tous autres actes émanés du majeur coutumier, mineur de vingt-cinq ans. « Adhuc tantum tollitur nullitas, non autem restitutio in integrum quæ, etiam in dubio, non censetur esse sublata, » dit-il sur les art. 444 d'Anjou et 455 du Maine; « sublata nullitate et salva restitutione in integrum » dit-il encore sur

l'art. 64 de la coutume de Dreux et sur l'art. 154 de la nouvelle coutume d'Artois.

21. — En doctrine les idées de Dumoulin furent vivement combattues par d'Argentré (sur l'art. 457 de l'ancienne coutume de Bretagne) et par Ferrières (glose 2e sur art. 239 coutume de Paris). Ce dernier auteur fait remarquer avec quelque apparence de raison que le droit romain ne saurait prévaloir contre la disposition expresse de la coutume et que, par conséquent, celle qui fixe à vingt ans l'âge de la pleine capacité doit être observée sans aucune restriction. Néanmoins le système de Dumoulin triompha dans la jurisprudence. Seul, le parlement de Rouen se rangea à l'opinion contraire : conformément à la jurisprudence de ce parlement, la majorité de vingt ans devint en Normandie une majorité complète et les actes du majeur de vingt ans, mineur de vingt-cinq ans échappèrent aussi bien à la nullité pour cause d'incapacité ou d'inaccomplissement des formalités, qu'à la rescision pour lésion.

22. — La condition du majeur coutumier mineur de vingt-cinq ans différait donc peu, en réalité, de celle du mineur de vingt-cinq ans dans les coutumes de droit commun ; elle resta telle jusque vers le dix-septième siècle, époque à laquelle les auteurs assimilent le majeur coutumier, mineur de vingt-cinq ans au mineur émancipé. « Dans quelques coutumes, dit Ferrières (gl. 1, art. 239, Paris), les enfants sont émancipez de plein droit à l'âge de 20 ans. » — Ceci nous amène à rechercher ce que fut l'émancipation dans le droit coutumier.

L'émancipation, telle que nous la trouvons organisée dans la France coutumière, avait été inconnue à

Rome, du moins sous ce nom. Dans l'ancien droit il y a trois catégories de mineurs émancipés : — c'est d'abord le majeur coutumier qui est émancipé de plein droit ; — en second lieu, dans toutes les coutumes, le mineur est émancipé de plein droit par le mariage (art. 239, Paris, 182, Orléans, etc.) « Le mariage est un moyen d'émanciper dans presque toutes les coutumes, » dit Ferrières sur 239 de la coutume de Paris ; — enfin les mineurs peuvent être émancipés par lettres du Prince, enthérinées en justice, à partir de l'âge de vingt ans pour les mâles, de dix-huit ans pour les filles. — Sans insister sur ce dernier mode d'émancipation, je remarque combien il présente d'analogie avec la *venia ætatis* : comme la *venia ætatis*, l'émancipation par lettres est une concession gracieuse du souverain, vérifiée en justice, et ses effets sont identiques à ceux de la *venia* romaine. Aussi pour moi la *venia ætatis* est-elle la véritable origine de l'émancipation et, aux auteurs modernes qui méconnaissent cette origine, j'oppose l'art. 272 de la coutume de Paris qui appelle l'émancipation par lettres « *bénéfice d'âge* enthériné en justice, » ces mots d'Argou, chap. 9, liv. I : « Les mineurs émancipés sont ceux qui ont pris des lettres de *bénéfice d'âge* » enfin le passage suivant de Meslé, chap. X, n° 4 : « Dans la pratique on a donné le nom d'émancipation à ce qui fait le sujet du titre au Code « de his qui veniam ætatis impetraverunt. »

23. — Tous les mineurs émancipés ont plein pouvoir d'aliéner leur mobilier et d'administrer leurs immeubles ; ils ne sont pas restituables contre leurs actes d'administration. Mais ils ne peuvent aliéner ou hypothéquer leurs immeubles sans remplir les forma-

lités imposées aux autres mineurs : si les formalités ont été omises, l'acte est frappé de nullité; si elles ont été observées, l'acte, pour être inattaquable par voie de nullité, n'en est pas moins rescindable pour lésion. — Ce sont là, du reste, les règles de la *venia ætatis*. La doctrine romaine est à peu près reproduite par l'article 35 de la coutume de Tours et nous la trouvons fermement établie dans Pothier (*Procéd. civ.* V. IV. 2, § 1), et avant lui, dans Ferrières (glose 1re sur 239 Paris) « Les émancipez, dit ce dernier auteur, ne peuvent point se faire restituer en conséquence de la lésion qu'ils pourraient avoir reçue dans la disposition de leurs meubles ou dans l'administration de leurs immeubles. »

24. — Pour en revenir au majeur coutumier, mineur de vingt-cinq ans, on voit maintenant quelles modifications furent apportées à son état par l'application qui leur fut faite des règles écrites pour le mineur émancipé. En ce qui concerne les aliénations immobilières, aucun changement à signaler; par contre, le majeur coutumier devient capable de faire sans espoir de restitution, les aliénations mobilières et les actes de pure administration. C'est une première atteinte portée à la doctrine de Dumoulin.

25. — Ce qui ressort de l'exposé fait sous les §§ 13 à 24, c'est l'extension considérable donnée dans l'ancien droit à l'action en rescision pour lésion au détriment de l'action en nullité pour cause d'incapacité. Dans les derniers siècles, cette action en nullité a, en quelque sorte, disparu, car elle n'existe plus que pour les actes passés par l'enfant qui n'a encore aucune intelligence.

Je dois signaler encore ici deux innovations de détail, introduites dans la théorie de la restitution. — D'abord, on considère comme tombant sous le coup de la restitution l'acte entaché d'une lésion survenue par cas fortuit postérieurement au contrat, tandis qu'en droit romain, le cas fortuit était à la charge du mineur. Argou, dans son *Institution au droit français*, indique ce changement de jurisprudence : « il faut observer, dit-il, que dans notre usage, on ne suit pas exactement ce juste tempérament (le tempérament romain) ; les mineurs sont facilement restituez dès le moment qu'il y a de la perte, quoiqu'elle soit plutôt arrivée par accident que par leur imprudence. » Ceci est évidemment exagéré : en protégeant le mineur outre mesure, on devait arriver fatalement à lui faire plus de mal que de bien. — En second lieu, à Rome, le mineur qui en contractant, s'était dit majeur, était privé du secours de la restitution ; il n'en est plus de même en France où la fausse déclaration de majorité ne peut plus faire obstacle à la restitution (Argou, liv. I, chap. 7 et Pothier : Procéd., civ., part. V, chap. IV, art. 2 § 1.) On avait remarqué en effet que, dans le but d'éviter la restitution, le tiers traitant avec un mineur dont il connaissait l'exacte situation, manquait rarement de faire affirmer par celui-ci qu'il était majeur ; pour faire disparaître l'abus on abolit purement et simplement le tempérament lui-même.

26. — III. J'arrive à ma troisième question : dans quel temps la restitution et la nullité doivent-elles être poursuivies ? — Dans l'ancien droit français comme à Rome, la restitution peut être demandée même pendant la minorité de la personne à laquelle elle profite ; de plus, pendant cette minorité, il n'existe

aucun délai fatal après lequel le droit à la restitution est prescrit; le délai de la prescription ne commence à courir que du jour de la majorité. Quel est ce délai?

A Rome la restitution se prescrivit par une année utile dans le droit primitif et jusqu'à Constantin, par quatre années continues à partir de ce prince. Le délai d'une année de l'ancien droit romain fut d'abord adopté en France (13ᵉ siècle). J'en trouve la preuve dans un grand nombre de documents et d'abord dans Beaumanoir qui au chap. 16 fait cette recommandation importante « Bien se gart chil qui a esté souz aagié, que il dedans *l'an et le jour qu'il est en aage* en soit plaintiex se il vieut avoir restablissement. » L'article 71 de l'ancienne coutume de Bretagne indique le même délai et Papon au passage cité plus haut (§ 12,) dit aussi: « Faudra que dans le temps ordonné de droit qui était l'*an util* et aujourd'hui les dix ans...» Enfin Loisel pose ainsi sa règle quatrième liv. V, tit. III « Messire Pierre Defontaines écrit que barres ou exceptions de force, de peur, de tricheries, ne duraient qu'un an par l'ancien usage de la France. »

Voilà pour la restitution; quant à l'action en nullité, le droit romain ne fournissant aucun précédent, on appliqua purement et simplement la prescription de trente ans.

27. — Ainsi, prescription de trente ans pour l'action en nullité, prescription d'une année pour la restitution, tels furent les délais appliqués dans le principe et jusqu'au seizième siècle. A cette dernière époque, trois ordonnances s'occupèrent de la prescription de nos deux actions : une ordonnance de Louis XII (1510), art. 46, et deux ordonnances de François Iᵉʳ (1535), chap. 8, art. 30 et (1539) art. 134.

Les ordonnances de 1510 et 1535 portèrent à dix années le délai pendant lequel devaient être demandées les lettres de rescision. Quant à l'ordonnance de 1539, elle dispose comme suit : « Nous, voulant oster aucunes difficultés et diversités d'opinions qui se sont trouvées par ci-devant, sur le temps que se peuvent faire casser les contrats faits par les mineurs, ordonnons qu'après l'âge de 35 ans..... ne se pourra pour le regard du privilège ou faveur de minorité, plus rien déduire, ni poursuivre la cassation desdits contrats en demandant ou en défendant, par lettres de *relièvement ou restitution*, soit par voie de *nullité* pour aliénations de biens immeubles faites sans décret ni autorité de justice, lésion, déception ou circonvention... »

L'ordonnance de 1539, applicable à tout le royaume, eut d'abord pour effet de soumettre à une prescription identique et l'action en nullité et la demande en restitution; désormais et jusqu'en 1789 il n'y eut plus, sous le rapport de la prescription aucune différence entre les deux actions. — Mais voici une autre conséquence de l'ordonnance : avant 1539 les délais étaient de dix ou de trente années à partir de la majorité, que cette majorité fût fixée à vingt ou à vingt-cinq ans; sous l'empire de l'ordonnance, le délai de dix années se calcule à partir de l'âge de vingt-cinq ans, dans toutes les provinces, aussi bien dans les coutumes à majorité coutumière que dans celles de droit commun. — La décision de François Ier amenait donc un peu d'unité dans notre matière.

28. — L'unité cependant n'était pas, même sous ce rapport, aussi grande, à la veille de 1789, qu'on pourrait le croire. En effet, les provinces devenues

françaises, depuis 1530, continuaient de suivre les règles anciennes, à l'exception de la Franche-Comté, à laquelle un édit de juillet 1707 avait rendu applicables les dispositions de l'ordonnance de 1530 (1).

Remarquons encore que notre ordonnance recevait son application dans les cas seulement où il s'agissait de nullités ou de rescisions fondées sur la minorité : si le mineur avait à intenter une action en nullité ordinaire les prescriptions de droit commun redevenaient applicables, doctrine très-logique et mise en lumière par un grand nombre d'auteurs.

### II. Procédure de la restitution et de l'annulation.

29. — Merlin, dans son répertoire (mot : nullité, § 7), distingue trois espèces de nullités : — les nullités de droit, celles établies par le droit romain et que les lois françaises n'ont pas reproduites ; -- les nullités d'ordonnances, celles prononcées par les édits, déclarations ou ordonnances de nos rois ; -- les nullités de coutumes, celles qui résultent du droit coutumier. De ces trois espèces de nullités, les deux dernières seules peuvent être intentées, instruites et vidées directement devant le juge ; s'agit-il, au contraire, de la nullité de droit, de cette nullité romaine de laquelle ne parle plus la législation nationale, la partie qui veut l'obtenir ne peut directement saisir le juge de sa demande, il faut qu'elle se pourvoie au préalable de lettres royaux ou lettres de relièvement, rescision ou

(1) Merlin, *Rép. gén.*, mot : Rescision.

restitution. Ces lettres sont délivrées en grande chancellerie, au nom du roi et sans connaissance de cause, leur effet étant subordonné à leur entérinement prononcé en justice. Les lettres obtenues doivent, au dire d'un ancien auteur « être signifiées à partie averse et présentées, icelle présente ou appelée, pardevant le juge auquel elles sont adressées. Et ayant disputé de l'interprétation d'icelles, doivent estre entérinées ou non. »

30. — Ceci posé, nous avons à nous demander dans quelle catégorie de nullités rentrent celles que nous avons rencontrées plus haut, à savoir, la nullité pour cause d'incapacité et la nullité pour irrégularité des aliénations immobilières; est il nécessaire, pour les intenter, d'obtenir préalablement des lettres royaux ? Sans doute, elles proviennent toutes deux du droit romain, mais elles sont en même temps des nullités de coutumes ou d'ordonnances, et il suffit pour s'en convaincre de rappeler quelques textes. La coutume de Berry et l'ancienne coutume de Bretagne ne déclarent-elles pas expressément du tout *nuls et de nul effet* et valeur, les actes faits par personnes en puissance de tuteur ? (§ 14) Et une autre, sans aller aussi loin, ne dit-elle pas « ... mais en tant qu'il touche d'eux pouvoir obliger, vendre, charger ou aliéner leurs dits biens... est requis que le masle ait atteint vingt ans. » (§ 18). — Enfin, pour ce qui est de l'incapacité, n'avons-nous pas cette phrase de Legrand sur l'art. 138 de Troyes : « nos praticiens en exceptent (de la nécessité d'obtenir des lettres) les usures, les simonies et les contrats *avec mineurs*. » — Quant à l'absence des formalités, je pourrais rappeler l'art. 154 de la coutume d'Artois, mais je pré-

fère citer le texte même de l'ordonnance de 1539, où il est dit : « ... ne se pourra plus, pour le regard du privilége de minorité, obtenir cassation desdits contrats, par lettres de relièvement ou restitution, soit *par voie de nullité, pour aliénation de biens immeubles faits sans décret...* »

Nos deux nullités sont donc de celles que l'on porte directement devant le juge, sans qu'il soit besoin d'obtenir des lettres royaux; il faut les ranger parmi les nullités de coutumes ou d'ordonnances.

31. — Quant à la restitution, elle est assimilée, sous le rapport de la procédure, à la nullité de droit, non reproduite par la loi française. La doctrine et la pratique sont d'accord sur ce point. Je n'en veux d'autre preuve que ce passage de Guy-Coquille (Inst., p. 7) : « On a mis *entre droits royaux*, les restitutions en entier fondées sur minorité, dol ou crainte... Mais, je crois que l'introduction de tel droit est fondée sur ce que les remèdes des restitutions dépendent du droit civil des Romains, *qui n'a force de loy en France*, et pour authoriser et faire valoir l'allégation qui s'en fait, on a recours à la chancellerie du roi pour obtenir lettres. Car en France nous n'observons pas les lois romaines pour vraies loys, mais pour ce qui y est..... ce qui n'est requis pour faire rescinder ou déclarer nuls les contrats ou dispositions qui sont interdits par la Coutume ou Constitution de nos roys, qui sont notre droit civil, auquel cas, *le seul office du juge suffit.* »

32. — Guy-Coquille nous amène ici à une question qui présente un grand intérêt, celle de savoir quelle est l'origine des lettres de rescision. D'où vient cette procédure? Il est certain aujourd'hui qu'elle est

l'œuvre des praticiens et qu'elle remonte à une époque fort éloignée, peut-être au quatorzième ou au quinzième siècle. Il est plus difficile d'en découvrir l'idée-mère, de mettre à jour la cause pour laquelle les praticiens l'ont introduite : les auteurs de l'ancien droit, eux-mêmes, sont loin d'être d'accord sur ce point.

La procédure sur lettres de rescision n'existait pas à Rome, mais à Rome la restitution était du domaine de l'*imperium magistratus;* seuls, les magistrats qui avaient l'*imperium*, pouvaient prononcer la restitution. Or, en France, un seul magistrat a l'*imperium*, c'est le roi. De plus, à Rome, le magistrat auquel appartenait la compétence en matière de restitution, pouvait renvoyer la connaissance de l'affaire à un juge inférieur, et lui ordonner de prononcer la restitution s'il y avait lieu : c'était la restitution conditionnelle. L'analogie entre cette procédure et celle sur lettres royaux est frappante, et il n'en a pas fallu plus, à quelques auteurs, pour affirmer que la procédure de notre ancien droit avait été calquée sur celle du droit romain, le roi remplaçant le magistrat revêtu de l'*imperium*. Cette opinion est exprimée par Lefèvre-Laplanche (*Traité des Domaines*, liv. XI, chap 7) : « A Rome, dit-il, il fallait le ministère du préteur; en France il n'y a qu'un seul magistrat proprement dit, qui est le roi. Là se trouve encore la différence entre le magistrat et le juge. Le juge ne trouverait, dans son ministère, que la règle étroite de l'exécution de l'acte, si le magistrat, par une autorisation spéciale, ne donnait à ce ministère une plus grande étendue. »

33. — Cette explication, donnée par un petit nombre d'auteurs, a le tort considérable de s'appliquer

uniquement à la restitution, laissant de côté les actions en nullité (nullité de droit). Aussi, la plupart des jurisconsultes anciens rattachent-ils la procédure sur lettres à cette vieille maxime coutumière : « Voies de nullité n'ont point de lieu ; » maxime dont ils donnent une interprétation très-précise.

« Contracts combien qu'en eux-mêmes soyent nuls et pour estre sens effet, si est ce pourtant qu'ils doivent estre déclarez tels par rescrit du Prince et par lettres royaux *cassez, rescindez et annulez* : voire qu'en ce Royaume *aucun contract ne peut estre dit nul, eu égard à la seule disposition du droit :* car tout ce qui se faisait suivant les loix impérialles, par la voye et disposition du droit aujourd'huy ne peut estre accomply en ce royaume, sinon par bénéfice du Prince et ottroy de lettres..... attendu que le Roy de France n'est aucunement subiet à l'Empire Romain (Imbert : *Enchiridion.* Traduct. de Théveneau, p. 62). » — « Voies de nullité n'ont pas de lieu..... Les voies de nullité sont ici les exceptions de nullité, lesquelles ne peuvent point être opposées contre tout ce qui est nul, suivant le droit romain. De sorte qu'il faut se pourvoir contre ces nullités ou par appel, si ce sont des sentences, ou en obtenant des lettres du Prince pour faire casser et rescinder les actes (Laurière, sur maxime de Loisel). » — « Parmi nous, il n'y a que le Roi qui puisse accorder la restitution en entier, ce qui se fait par les lettres de chancellerie..... Ces lettres sont d'une nécessité absolue en France, quand même l'acte contre lequel on se veut pourvoir serait nul de plein droit (selon le droit romain); c'est pourquoi on dit, par une manière de proverbe, que les voyes de nullité n'ont point de lieu en France, à moins que la nullité ne soit prononcée par l'ordonnance ou la coutume (Argou, liv, IV, 14). » — « Il faut remarquer, sur cette matière des rescisions et restitutions, que, par notre usage, les voies de nullité n'ont pas de lieu, c'est-à-dire que l'on ne fait pas annuler un acte où l'on ait été partie, en alléguant simplement *les moyens qui le rendent nul*, mais qu'il faut obtenir des lettres du prince pour les rescisions et restitutions en entier (Domat, liv. IV, t. VI, 2). » — « Il y a des actes qui sont nuls de plein droit, sans qu'il soit besoin de lettres de rescision pour les annuler..... mais il faut que cette nullité soit prononcée par quelque coutume ou quelque ordonnance (Pothier, *Procéd. civ.*, part. V, IV, 1). »

34. — Voilà les vues des anciens nettement exprimées : procédure sur lettres pour les nullités de droit ou pour les rescisions, procédure ordinaire pour les nullités de coutumes ou d'ordonnances, et cette différence de procédure fondée sur ce que le droit romain n'aurait pas force de loi en France. Cette explication est-elle acceptable? Elle le serait, sans doute, si les commentateurs de coutumes n'avaient pris le soin de donner bien souvent de la force législative de la loi romaine une idée toute différente; si Ferrières, par exemple, sur la coutume de Paris, n'avait dit : « Le droit romain est le droit commun en pays coutumier, pour les cas qui ne sont point exprimez par les coutumes; » et Maillart, sur l'article 184 de la coutume d'Artois : « Les rédacteurs des coutumes d'Artois avaient une parfaite connaissance du droit romain, ils ont fait des dispositions qui y dérogent lorsque les Coutumes ne s'y accomodent pas..... Donc les rédacteurs des Coutumes d'Artois ont confirmé le droit

romain, dans les cas auxquels ils n'ont pas dérogé. » — Rapprochant ces paroles des passages cités sous le § 33, il en résulte une singulière contradiction. Aussi Papon et Merlin qui, à un intervalle de trois siècles, ont étudié plus à fond la procédure sur lettres royaux, ont-ils pu dire, l'un, que la pratique française, « tant de la forme des lettres de rescision que des conclusions que l'on a accoustumé de prendre, demeure manque et sans fondement; » l'autre, que notre procédure doit son introduction à l'*ignorance* des praticiens et à leur raisonnement *absurde et inconséquent.*

35. — Est-il possible de défendre nos vieux praticiens de ce double reproche d'ignorance et d'inconséquence? Oui, sans doute, mais en abandonnant l'explication tirée de la maxime : voies de nullité n'ont point de lieu. — Des auteurs modernes ont soutenu que l'usage des lettres de chancellerie fut introduit par les légistes dans le but d'augmenter la puissance royale au détriment de la juridiction seigneuriale, en soustrayant à cette dernière la connaissance et le jugement des demandes en rescision. Ceci concorde assez exactement avec les tendances bien connues des légistes, ennemis de la féodalité, pour pouvoir être accepté, et, de plus, ce système se fonde sur une idée vraie, car, remarquons-le, non-seulement l'obtention des lettres était le préalable nécessaire de l'introduction d'une demande en rescision, mais encore cette demande était nécessairement instruite par un juge royal : « Les juges des seigneurs, dit Argou, ne peuvent jamais connaître des restitutions en entier, parce que les lettres de chancellerie sont toujours adressées à des juges royaux. »

36. — Du reste, la pratique des lettres de rescision avait pour le pouvoir royal un autre avantage, elle était la source de revenus considérables : droits de sceau, d'expédition, de timbre, etc. Aussi l'usage de ces lettres fut-il toujours vu avec défaveur par les plaideurs. Je trouve au seizième siècle, dans Papon (3e notaire) l'écho de plaintes probablement générales. « Croi-je, s'écrie notre auteur, que *l'émolument du sceau* produit telle cérimonie ; car, aussi bien est-ce du Parlement dont tout cela est despesché, et n'y a autre chose qu'un circuit et esloignement de chemin pour faire despense à toutes personnes contraintes d'en venir là. » Puis il raconte que les états d'Orléans de 1560, émus de la situation faite au plaideur, réclamèrent instamment la suppression des lettres royaux destinés seulement à « vuider les bourses. » Les remontrances des Etats tombaient mal, au milieu du désordre financier dans lequel l'administration des Guises avait laissé la France. Aussi, Papon peut-il en constater l'insuccès : « ce que le roi n'a fait depuis, mais au contraire, est la taxe dudit sceau et des expéditions augmentée. »

### III. — Effets de la rescision et de l'annulation.

37. — La restitution produit en France les mêmes effets qu'à Rome : anéantissement de l'acte et rétablissement de chacune des parties dans sa situation primitive : « Lorsque les lettres de rescision sont enthérinées, dit Argou (IV, 14), les parties sont remises en tel état qu'elles étaient avant l'acte contre lequel elles

ont été obtenues, ce qui a lieu de part et d'autre; ainsi, lorsque j'ay pris des lettres contre un contrat de vente, si je veux rentrer dans mon héritage, je dois rendre le prix que j'ay reçu, à moins que je l'eusse dissipé en minorité. » C'est la reproduction de la doctrine romaine. — Quant à l'annulation, ses effets sont, en général, identiques à ceux de la restitution (Domat, liv. I, tit. I, sect. V, 15).

## CHAPITRE II.

### DÉTERMINATION DES ACTES ANNULABLES, RESCINDABLES OU DÉFINITIFS, SOUS L'EMPIRE DU CODE CIVIL.

38. — En passant de l'ancien droit à la législation actuelle, il est nécessaire de mentionner tout au moins deux lois de la période intermédiaire qui touchent de très-près à notre sujet : l'une de ces lois est celle des 3-9 mai 1790, qui fixa uniformément la majorité à vingt-un ans, et fit courir, à partir de cet âge, le délai de dix années pendant lequel les actions en rescision ou en nullité pour vice de formes devaient être intentées (tit. IV, sect. I, art. 2); l'autre est celle des 7-11 septembre 1790, qui, en proclamant enfin l'abolition des lettres de chancellerie (art. 20 et 21), rendit la forme de la restitution identique à celle de l'annulation. Je ne m'arrêterai pas à ces modifications de détail que le Code civil, du reste, consacra définitivement quelques années plus tard. Il me suffira de

constater que la Révolution laissa subsister, tels qu'ils existaient en 1789, le système de la capacité personnelle du mineur et celui des protections qui entouraient la minorité, comme aussi la distinction profonde établie entre l'annulation et la restitution, celle-ci fondée sur la lésion, celle-là ayant pour cause un vice affectant l'acte en lui-même, indépendamment des conséquences immédiates ou prochaines que cet acte était appelé à produire.

39. — Ainsi, à la veille de la promulgation du Code, on pouvait ranger en trois classes les actes intéressant les mineurs; certains d'entre eux étaient annulables, indépendamment de toute lésion, d'autres rescindables pour cause de lésion, quelques-uns seulement étaient définitifs, inattaquables. Le Code a-t-il entendu maintenir cette division tripartite? La simple lecture des textes va nous édifier pleinement à cet égard, car il résulte de la combinaison des articles 1305, 1311 et 1314, pour ne citer que ceux là, que, dans le droit actuel, il existe encore pour le mineur des actes rescindables pour lésion (1305 et 1311), des actes annulables (1311), enfin des actes inattaquables 1314). — Sur ce premier point, il ne peut donc y avoir difficulté; mais il est plus délicat de ranger dans chacune de nos trois classes les actes intéressant les mineurs, de déterminer avec exactitude quels sont, dans le système du Code, les actes susceptibles de rescision, ceux entachés de nullité, enfin les actes inattaquables. Cette classification, nous l'avons établie pour la législation romaine et pour celle de l'ancienne France; reprenons les choses au point où nous les avons laissées.

40. — L'ancien droit, nous l'avons vu, ne connais-

sait plus, dans les derniers siècles, la nullité pour cause d'incapacité, mais il réservait la nullité pour vice de formes contre les actes entourés par la loi de formalités spéciales, lorsque ces formalités n'avaient pas été observées; — il considérait comme inattaquables, les actes passés par le mineur émancipé dans les limites de ses pouvoirs et les actes d'administration du tuteur; —enfin, dans tous les autres cas, il admettait la rescision pour lésion, qui s'appliquait ainsi, en premier lieu, aux actes passés par le mineur seul, émancipé ou non émancipé, si ces actes n'étaient pas déjà annulables pour vice de formes, et sauf l'exception indiquée pour le mineur émancipé agissant dans la limite de ses pouvoirs, en second lieu, aux actes passés par le mineur non émancipé avec l'assistance de son tuteur, ou par le tuteur seul, sauf, bien entendu, ses actes d'administration, ou par le mineur émancipé avec l'assistance de son curateur, et même avec l'accomplissement de toutes les formalités requises. — Le système d'ensemble que je viens de résumer était au fond celui du droit romain, modifié et amélioré sur plus d'un point; et en effet, la substitution de l'annulabilité à la nullité *ipso jure*, la suppression de la nullité pour cause d'incapacité, remplacée partout et toujours par la rescision pour lésion, enfin l'adoption de cette règle qui mettait les actes d'administration du tuteur à l'abri de la rescision, c'étaient autant de réformes heureuses introduites par l'ancien droit, et qui, sans porter atteinte à l'efficacité du système de protection établi en faveur de la minorité, avaient eu pour résultat, les deux premières, de régler d'une manière plus équitable les rapports des tiers avec les mineurs, et la troisième, de rendre plus facile l'administration tutélaire, tout en relevant le crédit du mineur. — Par contre, il faut constater que le principe romain soumettant à la restitution même les actes passés avec les formalités requises, avait été maintenu dans le cours de l'ancien droit, malgré les conséquences déplorables qu'il entraînait, malgré les critiques dont il avait été l'objet de la part des jurisconsultes.

41. — Dans cet état de choses, que pouvait faire le législateur de 1804? A l'ensemble du régime de la minorité et de la tutelle, il n'y avait rien à modifier; mais, entrant dans le détail, le Code allait-il, d'une part, remonter le courant qui, depuis des siècles, entraînait notre théorie de la restitution dans le sens du bien général, et rendre du même coup au mineur l'ancienne action en nullité pour cause d'incapacité contre les actes passés par lui seul, et la restitution pour lésion contre les actes d'administration du tuteur? Allait-il sur un autre point rester stationnaire en acceptant la possibilité d'une restitution contre les actes passés avec l'accomplissement des formalités prescrites? Telle ne pouvait être l'intention des rédacteurs du Code, et nous allons voir qu'ils surent au contraire adopter une ligne de conduite plus sage et aussi plus logique : véritables continuateurs de l'œuvre de nos vieux jurisconsultes, ils consacrèrent dans la loi nouvelle les progrès dus à l'ancien droit et ils réalisèrent enfin la réforme depuis si longtemps réclamée en mettant à l'abri de la restitution les actes soumis à des formalités spéciales et passés avec l'accomplissement de ces formalités.

42. — Que le Code ait voulu prendre pour base de son système les règles antérieurement en vigueur, cela

résulte avec évidence de plusieurs passages des travaux préparatoires. Par exemple, sur le titre X, *De la minorité, de la tutelle et de l'émancipation*, Huguet s'exprime ainsi, dans son rapport au tribunat : « Ce n'est point une législation nouvelle, qui vous est soumise, ce n'est point un système nouveau qui vous est présenté, *c'est un choix de préceptes, de maximes, de règles, déjà éprouvés par l'expérience des siècles* et que la raison a justifiés depuis longtemps ; c'est un choix fait, soit dans le droit écrit, soit dans le droit coutumier, des meilleures institutions sur cette matière. » — Berlier dit aussi dans son exposé des motifs : « La plupart des dispositions rédigées sur ces points divers *s'écartent peu de l'ancien état de la législation*, et leurs différences n'ont pas même besoin d'être analysées. »

Quant aux différences que l'on signale en passant, il en est une qui nous intéresse au plus haut point ; Berlier la relève en ces termes : « Cependant, il est quelques objets d'un ordre supérieur et sur lesquels il nous a semblé que nous devons plus particulièrement fixer votre attention. Ainsi, *par exemple*, le projet contient des vues nouvelles au sujet des transactions qui peuvent avoir lieu durant la tutelle. Les principes admis jusqu'à ce jour, sans repousser ces transactions, en rendaient l'usage impraticable, *car elles ne pouvaient valoir qu'autant qu'elles profitaient au pupille*... De là la ruine de plus d'un mineur, de là aussi de nombreuses entraves pour beaucoup de majeurs... Il convenait de mettre un terme à de si grands inconvénients, et le projet y a pourvu en imprimant un caractère durable aux transactions pour lesquelles le tuteur aura été autorisé par le conseil de famille. » — Berlier ne cite la transaction qu'à titre d'exemple, mais le caractère irrévocable qu'il attribue à cet acte régulièrement passé, appartient à tous les actes pour lesquels des formalités sont prescrites; cela résulte du rapport fait au tribunat par Jaubert sur les art. 1305 et suivants : « ... Cependant, dit-il, il était convenable de *rassurer pleinement ceux qui traiteraient avec des mineurs, en suivant les formalités prescrites.* Cette précaution, si elle n'était pas nécessaire, est du moins utile, à cause de cette idée si invétérée et qui s'est si souvent réalisée, qu'il n'y a pas de sûreté à traiter avec les mineurs. »

43. — Voilà pour les actes soumis à des formalités; quant aux règles de l'ancien droit relatives à la capacité personnelle du mineur, elles sont de celles que le législateur n'a pas voulu modifier : j'en trouve des témoignages irrécusables dans les travaux préparatoires auxquels ont donné lieu les art. 1305 et suivants. « Il résulte de l'incapacité du mineur non émancipé qu'il suffit *qu'il éprouve une lésion pour que son action soit fondée :* s'il n'était pas lésé, il n'aurait pas d'intérêt à se pourvoir, et la loi lui serait même préjudiciable, si, sous prétexte de l'incapacité, un contrat qui lui est avantageux pouvait être annulé. *Le résultat de son incapacité est de ne pouvoir être lésé et non de ne pouvoir contracter : restituitur tanquam minor, non tanquam læsus.* » Ces paroles sont de Bigot de Préameneu (exposé de motifs), et Jaubert, dans son rapport au tribunat, n'est pas moins explicite : « ... Pour ce qui est des femmes mariées non autorisées et des interdits, ils n'auraient besoin que d'invoquer leur incapacité. A l'égard des mineurs, des explications étaient nécessaires *pour*

*les obligations conventionnelles en général*, car, par exemple, *ce qui concerne l'aliénation de leurs immeubles à des règles particulières.* — Il est bien vrai qu'en règle générale, un mineur est déclaré *incapable de contracter*, mais un mineur peut être capable de discernement; le lien de l'équité naturelle peut se trouver dans un contrat passé par un mineur. Voilà pourquoi la loi a dû distinguer : s'il s'agit d'un mineur non émancipé, la simple lésion donne lieu à la rescision en sa faveur; *il ne sera pas restitué comme mineur, il pourra l'être comme lésé.* »

14. — Les citations qui précèdent mettent hors de doute deux choses, à savoir : 1° que le législateur a voulu donner aux actes soumis à des formalités un caractère irrévocable, lorsque ces formalités auraient été observées; 2° que dans sa pensée, les actes passés par les mineurs non émancipés seuls doivent être non pas annulables pour incapacité, mais rescindables pour lésion. — Restent les actes passés par les mineurs émancipés, ceux émanés des tuteurs, enfin les actes accomplis sans l'observation des formalités spéciales prescrites par la loi. Quel est le sort réservé à tous ces actes par la loi nouvelle? C'est là une question complexe, sur laquelle il est impossible de trouver dans les travaux préparatoires un élément de solution. Mais, le silence gardé par les rédacteurs n'est-il pas déjà une présomption de leur intention bien arrêtée de maintenir, sur ces différents points, les anciens principes? Oui, sans doute, et plus d'un détail viendra, dans la suite, confirmer cette première impression. — Remarquons toutefois le résultat auquel nous conduit, à l'égard des actes passés par le tuteur, ou par le mineur émancipé assisté de son curateur, l'ensemble de

la doctrine du Code. Dans le dernier état de l'ancien droit, les actes de pure administration, seuls, étaient à l'abri de la restitution; aujourd'hui que les actes passés avec l'accomplissement de formalités spéciales sont, eux aussi, soustraits à l'empire de la rescision pour lésion, il en résulte que cette rescision est devenue complétement étrangère au tuteur ou au mineur émancipé agissant sous l'assistance de son curateur; elle ne peut plus atteindre que l'acte émané du mineur non émancipé ou bien du mineur émancipé ayant agi sans le concours de son curateur, alors que ce concours seul était exigé.

45. — Le système que je crois être celui du Code peut donc se résumer en ces trois propositions : — Sont annulables pour vice de formes les actes passés sans l'observation des formalités prescrites; — rescindables pour lésion, les actes passés par le mineur non émancipé seul, ou par le mineur émancipé sans l'assistance de son curateur, alors que cette assistance était requise; — inattaquables même pour lésion, les actes passés par le tuteur, par le mineur émancipé seul, lorsque la présence du curateur n'était pas nécessaire, enfin les actes exigeant des formalités, lorsque ces formalités ont été remplies.

Ce système, loin de prêter au Code, comme on l'a prétendu (1), une législation sans précédents, ayant pleinement rompu avec le passé, rattache la législation nouvelle à celle d'avant 1789, comme celle-ci se rattachait elle-même à la jurisprudence romaine. Aussi est-il adopté aujourd'hui par les autorités les plus imposantes de la doctrine, et a-t-il su grouper

(1) Troplong. — De la vente 1. § 166.

autour de lui un grand nombre de décisions judiciaires. Toutefois, il a été vivement combattu par les partisans de trois opinions plus ou moins différentes; en face de chacune de nos propositions, (sauf celles relatives aux actes passés soit avec l'accomplissement des formalités prescrites, soit par le mineur émancipé seul, dans la limite de ses pouvoirs, propositions qui ne sont pas susceptibles de controverse) s'en est élevée une autre, diamétralement opposée. On a prétendu écarter dans certains cas, la nullité pour vice de formes en la remplaçant par la rescision pour lésion, déclarer annulables pour incapacité les actes du mineur agissant seul, enfin soumettre à la rescision pour lésion les actes du tuteur ou du mineur émancipé assisté de son curateur. Les partisans des propositions adverses se fondant presque exclusivement sur l'interprétation des textes, je vais étudier à fond les articles du Code qui s'occupent de notre matière, examiner les objections que l'on en a tirées contre le système que j'ai adopté et nous verrons que, loin d'être condamné par la lettre de la loi, ce système y trouve au contraire un solide appui.

Je reprends chacune de mes propositions, en m'occupant successivement — des actes passés par le mineur — seul; de ceux passés par le tuteur ou par le mineur émancipé assisté de son curateur; — enfin de ceux qui sont soumis à des formalités particulières.

### I. Actes passés par le mineur seul.

46. — L'acte passé par l'enfant incapable de discernement est nul, inexistant, pour défaut de consen-

tement (art. 1124); passé par le mineur émancipé agissant dans la limite de ses pouvoirs, il est inattaquable (art. 481). Ces deux points ne peuvent être contestés. — Mais il y a une situation intermédiaire: supposons que le mineur ne soit ni un *infans*, ni un émancipé ayant agi dans la limite de ses pouvoirs, quel est le sort des actes passés par lui seul, sans le concours de son tuteur, s'il n'est pas émancipé, sans l'assistance de son curateur, s'il est émancipé? Ces actes, dans le système que j'ai adopté, sont seulement rescindables lorsqu'ils contiennent quelque lésion (1) tandis que, dans un système opposé, on les déclare annulables pour cause d'incapacité (2).

47. — L'argument capital du système adverse est celui-ci: l'article 1108 exige, *comme condition essentielle de la validité* des conventions, la capacité de la partie qui s'oblige, et l'article 1124 range dans la catégorie des personnes incapables de contracter, les mineurs, les interdits, les femmes mariées. Dès lors, le mineur étant incapable de contracter ne peut passer à lui seul un contrat valable, le contrat par lui passé est annulable pour cause d'incapacité, et, s'il est annulable, il ne peut être rescindable, la rescision supposant avant tout la validité du contrat auquel elle

(1) En ce sens : Proudhon et Valette II p. 489 et suiv. — Duranton X, 280 à 288. Duranton, II 781 à 782. — De Fréminville ; *Minorité* II, 827. — Demolombe VII § 821. — Aubry et Rau IV § 335. — Bruxelles, 20 pluviôse an XIII. — Bastia, 26 mai 1834. Civ. rej. 18 juin 1844. — Rouen, 23 juillet 1858. Req. rej. 24 avril 1861. — Paris, 18 juillet 1864.

(2) Toullier VI, 106, VII 527 et 573. — Troplong, *Vente* I § 166 et *Hypothèques* II 488 et suiv. — Magnin ; *des minorités* II, 1137. — Bastia 12 juin 1855.

s'applique. — Cet argument serait assurément fondé, si l'article 1124 devait être rigoureusement interprété, si aucun texte n'était là pour corriger ce qu'il renferme de trop absolu. Mais, après l'art. 1124, le législateur ajoute immédiatement dans l'article 1125 : « Le mineur, l'interdit ou la femme mariée ne peuvent attaquer *pour cause d'incapacité* leurs engagements *que dans les cas prévus par la loi.* » Que signifient ces dernières expressions? On a prétendu qu'elles se réfèrent à l'extinction de la nullité par voie de prescription (1304) par voie de ratification (1311), mais cette explication est forcée. Tout d'abord, elle rendrait complétement inutile la première disposition de l'article 1125, car cette disposition n'ajouterait rien aux articles 1304 et 1311 qui empêchent le mineur de se pourvoir quand il y a eu prescription ou ratification. Et puis, en lisant le texte avec un peu d'attention, il est facile de voir qu'il entend parler de certaines dispositions légales permettant aux incapables d'opposer leur incapacité, non de celles qui leur défendent de se pourvoir. Les art. 1124 et 1125 demandent donc à être complétés par d'autres textes, et l'on ne saurait s'en tenir à eux seuls pour déterminer la portée exacte de l'incapacité du mineur, de l'interdit ou de la femme mariée.

Aussi avons-nous au Code un article 225 qui s'occupe des actes passés par la femme sans autorisation maritale, un article 509 qui s'occupe des actes passés par l'interdit; mais où trouverons-nous le corollaire annoncé par l'art. 1125, en ce qui concerne les actes du mineur? Ce ne peut être que dans l'art. 1305, ainsi conçu : « La simple lésion donne lieu à la rescision en faveur du mineur émancipé contre toute sorte de conventions, et en faveur du mineur émancipé contre toutes conventions qui excèdent les bornes de sa capacité, ainsi qu'elle est déterminée au titre *de la minorité, de la tutelle et de l'émancipation.* »

48. — Cet article pose le principe du recours pour lésion en faveur du mineur; mais, pris isolément, les termes n'en sont ni bien complets, ni bien précis, car ils laissent dans l'ombre la question de savoir dans quel cas ce recours pourra être exercé. Aussi chaque doctrine a-t-elle revendiqué pour elle la disposition de l'art. 1305. Dans le système auquel je me suis arrêté, on soutient que l'art. 1305 prévoit uniquement le cas du mineur agissant seul, réservant ainsi la rescision pour lésion aux actes passés par le mineur sans aucune assistance; nos adversaires, au contraire, ont prétendu que l'article en question a en vue l'acte passé par le tuteur ou par le mineur émancipé avec l'assistance de son curateur, et qu'il est inapplicable aux actes émanés du mineur seul; enfin, un système de conciliation présenté par M. Demante, a attribué à notre article une portée générale, en l'appliquant à tous les actes intéressant les mineurs, aussi bien à ceux passés par eux seuls qu'à ceux passés par le tuteur, ou par le mineur émancipé assisté de son curateur. Entre ces trois interprétations, il faut nécessairement choisir.

49. — Notre article, disons-nous, complétant l'article 1125, vise le cas du mineur agissant seul; c'est pour ce cas, et pour aucun autre, qu'il accorde au mineur lésé le secours de la restitution. Au fond, la doctrine du législateur, en ce qui concerne le sort des actes passés par le mineur seul, nous est bien connue: nous l'avons vue exprimée dans plusieurs passages des

travaux préparatoires, et dans ceux-là même auxquels a donné lieu l'art. 1305. Mais des explications qui nous sont données, il résulte surtout une chose, à savoir que, en écrivant l'art. 1305, le législateur a voulu déterminer exactement les limites de la capacité personnelle du mineur, ou, si l'on aime mieux, de son incapacité. Voici, en effet, ce que je relève dans l'exposé des motifs de Bigot de Préameneu : «Il résulte de l'*incapacité* du mineur non émancipé, qu'il suffit qu'il éprouve une lésion pour que son *action* (la rescision) soit fondée .... Le résultat de son *incapacité* est de ne pouvoir être lésé et non *de ne pouvoir contracter*.» Jaubert dit aussi, dans son rapport au tribunat : « Il est bien vrai qu'en règle générale, un mineur est déclaré *incapable de contracter*, mais un mineur peut être *capable* de discernement..... » — Or, si l'art. 1305 a pour objet de régler une question de capacité, il faut bien reconnaître qu'il se place dans l'hypothèse du mineur agissant seul, car la capacité personnelle du pupille ne peut dépendre du plus ou moins d'étendue donné aux pouvoirs du tuteur; si l'acte du tuteur est rescindable au lieu d'être définitif, comme je le soutiens, le mineur n'en sera ni plus ni moins capable pour cela. — Aussi, remarquons que nulle part, dans les travaux préparatoires relatifs à l'art. 1305, il n'est question du tuteur, c'est toujours le mineur, traitant lui-même, que les rédacteurs mettent en scène; et ce que le législateur s'est gardé de faire dans les travaux préparatoires, il l'aurait fait dans l'art. 1305 ! Cet article se référerait à l'acte passé par le tuteur !

50. — Mais où donc, dans notre article, où dans toute notre section, est-il question du tuteur? L'art. 1304, tout d'abord, parle des actes *faits par les mineurs;*

je veux bien que la règle de 1304 soit applicable et à l'acte du tuteur et à celui du mineur, mais enfin, le législateur y vise uniquement le cas du mineur agissant seul; c'est dans cette hypothèse qu'il se place, c'est dans cette hypothèse qu'il reste dans les articles suivants. Voyez plutôt l'art. 1307, tout à fait inapplicable à l'acte passé par le tuteur ou même par le mineur assisté, les art. 1308, 1310, 1311, se rapportant tous manifestement au cas du mineur traitant sans aucune assistance, l'art. 1309, enfin, qui parle du mineur agissant personnellement, avec l'assistance de ceux dont le consentement est requis pour la validité du mariage. Seuls, les art. 1313 et 1314, les deux derniers de la section, s'occupent d'un objet différent; mais nulle part, même dans 1314, il n'est question du tuteur.

Mais, s'écrient les partisans de l'opinion adverse, vous prêtez au législateur une omission dont il ne s'est pas rendu coupable! Le Code a voulu prévoir dans notre section toutes les situations : 1° celle du mineur agissant seul (art. 1304, 1307, 1308, 1310, 1311); 2° celle du mineur assisté (1305, 1309, 1311, 1314). — Voilà donc où arrive le système adverse : ce n'est plus à l'acte du tuteur que s'applique l'art. 1305, mais à l'acte passé par le mineur non émancipé, avec l'assistance de son tuteur! Hypothèse bien bizarre dans une législation qui, n'admettant plus l'*auctoritas tutoris*, pose en principe la représentation du mineur par son tuteur, dans *tous* les actes de la vie civile (450). — Mais enfin, puisque l'on nous y amène, arrêtons-nous à cette hypothèse d'un mineur non émancipé contractant avec l'assistance de son tuteur. Est-il vrai que l'art. 1305 se réfère à cette hypothèse?

51. — Relisons avec soin notre article. Il y est dit que « la simple lésion donne lieu à la rescision... en faveur du mineur émancipé contre toutes conventions qui excèdent les bornes de sa capacité, *ainsi qu'elle est déterminée au titre de la minorité, de la tutelle et de l'émancipation.* » Quelles sont donc les conventions qui échappent au recours pour lésion institué par l'art. 1305? Celles que l'émancipé a pouvoir de faire seul, assurément. Mais ce n'est pas tout : les actes énumérés par l'art. 482 n'excèdent pas, lorsqu'ils ont été passés avec l'assistance du curateur, les bornes de la capacité du mineur émancipé, *telle qu'elle est déterminée par le titre X.* Ce titre, en effet, déclare, dans son art. 481, l'émancipé capable de faire seul un certain nombre d'actes; dans l'article 482, il le déclare non moins capable de passer, avec l'assistance de son curateur, d'autres actes. Ah! si l'art. 1305 avait dit : « ... Contre toutes conventions qui excèdent les bornes de sa *capacité, telle qu'elle est établie par l'art.* 481, » nous serions bien forcés de faire rentrer dans la classe des actes rescindables, ceux que le mineur aurait passés avec l'assistance de son curateur; mais, par la formule générale qu'il emploie, 1305 les exclut au contraire de cette catégorie d'actes. D'où cette conséquence, que, pour le mineur émancipé, l'art. 1305 s'applique uniquement aux actes passés par lui sans assistance, alors que cette assistance était requise. Or, si c'est là l'hypothèse réglée par la seconde partie de l'article, il faut nécessairement que la première ait en vue une hypothèse analogue à l'égard du mineur non émancipé, celle de ce mineur agissant seul. Où donc irions-nous, s'il n'en était pas ainsi? Si l'acte passé par l'émancipé,

sans assistance, était seulement rescindable pour lésion, comprendrait-on que celui passé par le mineur non émancipé seul, fût annulable pour incapacité? Et si, agissant avec le concours de son curateur, l'émancipé faisait un contrat inattaquable, serait-il rationnel que le contrat passé par le mineur émancipé, assisté de son tuteur, ou par le tuteur seul, puisque c'est la même chose, fût rescindable pour lésion?

52. — Ainsi, les travaux préparatoires, d'une part, les termes même de l'art. 1305, de l'autre, permettent d'affirmer que cet article s'applique à une seule catégorie d'actes, à ceux passés par le mineur sans aucune assistance; et alors, la doctrine du Code apparaît dans toute sa simplicité : le mineur est incapable, comme le dit l'art. 1124, mais il est incapable de se léser, et le remède à cette incapacité c'est la rescision. Sans doute, on peut critiquer le législateur, on peut le blâmer d'avoir déclaré, dans l'art. 1124, le mineur incapable de contracter, après avoir, dans l'art. 1108, exigé pour la *validité* des conventions la capacité des parties contractantes; mais notre système n'en est pas moins nettement établi par les textes. Et, au surplus, remarquons que les rédacteurs n'ont fait, sur ce point, que suivre les errements de l'ancien droit. La plupart de nos anciens auteurs, Pothier lui-même, proclamaient bien haut l'incapacité du mineur, et, cependant, ils la restreignaient au cas de lésion. Qu'y a-t-il d'étonnant que, formés à leur école, les rédacteurs du Code n'aient pas réformé leur langage et exprimé plus correctement leur pensée?

53. — Notre solution bien établie, débarrassons-la de toute une série d'objections élevées contre elle. Quelques-unes sont tirées des textes; c'est ainsi, par

exemple, que l'on nous oppose l'art. 509. Cet article, dit-on, assimile le mineur à l'interdit ; or, les actes de l'interdit étant nuls de droit aux termes de l'art. 502, il doit en être de même des actes du mineur. Malheureusement pour eux, le raisonnement de nos adversaires pèche par sa base, car l'art. 509 assimile, non pas le mineur à l'interdit, mais l'interdit au mineur, et la différence est grande entre les deux formules. En effet, en suivant l'idée du système adverse, j'arriverais à cette conséquence : l'interdit étant assimilé au mineur, les actes passés par lui devraient être seulement, comme ceux du mineur, rescindables pour lésion, et une seule chose s'opposerait à cette solution, ce serait le texte précis de l'art. 502, qui établirait ainsi une exception au principe posé par l'art. 509. Mais, renverser les termes et appliquer au mineur la disposition de l'art. 502, en passant par l'art. 509, cela est en vérité impossible. — Les partisans de l'opinion contraire donnent, d'ailleurs, à l'art. 509 une portée qu'il n'a pas. Le législateur a voulu, dans cet article, cela résulte assez de sa disposition finale, déclarer applicables *à la tutelle des interdits* les règles concernant *la tutelle des mineurs* ; quant à la capacité personnelle de l'interdit, il n'en est nullement question.

54. — Que dire maintenant de cet argument qui présente l'acte passé par le mineur seul, comme annulable pour vice de formes, en conformité de l'article 1311 ? Mais l'ancien droit lui-même, qui, pourtant, admettait le système de l'*auctoritas tutoris*, s'est toujours refusé à voir dans le défaut d'assistance un vice de forme ! Et cette nullité de forme existerait alors que, dans le système du Code, il n'y a

plus d'*auctoritas tutoris*, alors que le tuteur est constitué le représentant légal du mineur dans tous les actes de la vie civile? Le tuteur était chargé de faire l'acte, c'est le mineur qui a traité, est-ce là une irrégularité de formes? — Tout bien considéré, l'art. 1311 se retourne contre l'opinion adverse, et en effet, il suffit de lire ce texte pour être convaincu qu'il ne prévoit pas le cas du tuteur agissant seul, qu'il se place, au contraire, dans l'hypothèse du mineur agissant personnellement. Or, de deux choses l'une; ou bien il est question, dans l'art. 1311, du mineur souscrivant un engagement avec l'assistance de son tuteur; je ne le crois pas, et pour bien des raisons; mais nos adversaires qui l'admettent, ne peuvent nous opposer une disposition écrite pour le cas du mineur assisté, lorsque nous nous occupons de rechercher le sort des actes passés par le mineur non assisté. — Ou bien, et c'est mon avis, l'art. 1311 se place dans l'hypothèse du mineur traitant seul, et alors il condamne formellement l'opinion adverse, parce qu'il reconnaît au mineur le droit d'invoquer tantôt la nullité de forme, tantôt le recours pour lésion, ce que nos adversaires repoussent énergiquement.

55. — Battus sur le terrain des articles 1124, 1305, 509 et 1311, les partisans de l'opinion contraire établissent un parallèle entre la situation du mineur émancipé et celle que nous faisons au mineur non émancipé, et ils nous accusent d'inconséquence. Voyez, disent-ils, l'article 484 2°; il permet au mineur émancipé de faire seul des achats, de contracter certains engagements, mais il réserve aux tribunaux le droit de réduire ces engagements en cas d'excès. Engagements excessifs, engagements contenant lésion,

ce sont là deux termes qu'il ne faut pas confondre, car il y a excès lorsque l'engagement est hors de proportion d'avec la fortune de celui qui contracte, au contraire, il y a lésion (l'article 1074 le dit en matière de vente) lorsque l'une des parties ne reçoit pas l'équivalent de ce qu'elle fournit. Un engagement peut donc être excessif sans contenir une lésion, dans le sens propre du mot, et c'est ainsi que l'acquisition de chevaux de luxe, moyennant un prix raisonnable, peut, eu égard à la fortune du mineur, être soumise à réduction ou même annulée, en vertu de l'article 484 2°. Or, supposons un engagement de cette nature contracté par un mineur non émancipé seul; si cet engagement n'est pas nul pour incapacité, que pourra faire le mineur? Invoquer la rescision? Ce n'est pas possible, il n'y a pas lésion. Demander la réduction? C'est encore impossible, l'article 484 2° n'étant applicable qu'au mineur émancipé. Le mineur non émancipé serait donc ici *moins gêné, moins surveillé, moins protégé* que le mineur émancipé! — Et puis, à côté de l'article 484, il y a l'article 485 qui permet de retirer au mineur émancipé le bénéfice de l'émancipation, lorsqu'il a abusé de sa liberté. Le but de ce retrait, c'est de *punir* l'émancipé, c'est de lui enlever une faculté dont il a fait un mauvais usage, la faculté de contracter; or, ce but ne serait pas atteint, si, replacé en tutelle, le mineur pouvait faire encore des contrats valables.

56. — Toute cette argumentation n'est que spécieuse. Et en effet, est-il bien exact de dire que l'acte excessif dans le sens de l'article 484 2° n'est pas sujet à rescision, lorsqu'il a été passé par le mineur émancipé seul? On l'affirme en s'appuyant sur l'article 1674,

mais cet article est écrit pour le cas spécial de vente; en matière de minorité, la rescision est admissible dès que le mineur a subi un préjudice, dès qu'une atteinte quelconque a été portée à sa fortune. Il en était ainsi en droit romain et dans l'ancien droit français, et rien ne nous autorise à penser que le Code ait modifié cette règle. — Et maintenant, lorsqu'on dit que le retrait de l émancipation a pour but d'enlever à l'émancipé la faculté de contracter, on suppose établie une proposition qui est à démontrer. Pour moi, je ne la crois nullement fondée : ce que l'on veut, en retirant à l'émancipé le bénéfice de l'émancipation, c'est le replacer en tutelle, c'est remettre l'administration de sa fortune entre les mains d'un tuteur, c'est rendre encore ce mineur incapable de se léser. Et alors, le retrait est-il, comme feignent de le croire nos adversaires, quelque chose d'inutile? Non, car la présence du tuteur apportera à la liberté d'action du nouveau pupille une entrave des plus sérieuses; non encore, car l'acte passé par le mineur seul, au lieu d'être simplement réductible en cas d'excès, sera rescindable dès qu'il y aura lésion. Et il ne faudrait pas croire que réduction et rescision soient synonymes; par la rescision, on fait tomber l'engagement, on peut se borner à le réduire au moyen de l'action en réduction : cette dernière peut être arrêtée par la bonne foi des tiers, tandis que la rescision est tout à fait indépendante de cette bonne foi.

57. — Enfin l'on nous oppose une dernière objection et l'on dit : Comment est-il possible que le Code, après avoir, dans l'article 450, institué le tuteur, représentant légal du mineur dans tous les actes de la vie civile, après avoir confié au tuteur l'administration

de la fortune de son pupille, ait pu, dans l'art. 1305, considérer comme valable, l'acte passé par le mineur sans aucune assistance? La loi aurait donc institué dans toute tutelle deux agents, deux personnes ayant pouvoir d'agir? Ne voit-on pas les inconvénients pratiques auxquels conduirait cette solution? Le mineur, autorisé en quelque sorte à s'ingérer activement dans les faits de la tutelle, l'unité si nécessaire à toute bonne gestion, brisée, les entraves multipliées, comme à plaisir, autour du tuteur, exposé sans cesse à heurter un acte valable émané du pupille! Comment l'administration tutélaire pourrait elle être fructueuse, ou seulement possible, dans de pareilles conditions? — Nos adversaires, remarquons-le, n'invoquent plus ici les textes, ils se placent en face de la doctrine que j'ai adoptée, et, la jugeant défectueuse, ils attaquent le législateur lui-même. Ainsi posée, la question est de celles auxquelles l'interprète fidèle peut se dispenser de répondre. Toutefois, il n'est pas sans intérêt de rechercher si le législateur a bien ou mal fait de s'en tenir à une solution que nous avons trouvée bonne dans l'ancien droit.

58. — Sans doute, si, à côté de l'action du tuteur, la loi avait autorisé formellement une action parallèle du mineur, si elle avait établi en quelque sorte une concurrence entre le représentant et le représenté, les critiques qui nous sont faites paraîtraient fondées; une immixtion du mineur dans ses propres affaires, immixtion légale, continue, pouvant se produire à l'insu du tuteur, porterait à l'autorité de celui-ci une grave atteinte et ne saurait être que préjudiciable aux intérêts de l'incapable qu'il s'agirait de protéger. Sur ce oint, je suis d'accord avec les partisans de l'opinion

adverse. Mais, dans notre système, cette immixtion du mineur est-elle autorisée par la loi? Non, tout au contraire, la loi défend au mineur d'agir seul; l'acte passé par le mineur sans aucune assistance est irrégulier, la loi s'en occupe comme d'un fait possible, mais si ce fait arrive à se produire, ce n'est jamais que contre le gré du législateur. — Et puis, examinons les choses de près: le tuteur dont les attributions sont nettement définies, qui détient les titres et documents relatifs à la tutelle, n'a-t-il pas tous les moyens possibles de tenir son pupille à l'écart? Les empiètements de celui-ci ne pourront se produire qu'à intervalles plus ou moins éloignés et à titre tout-à-fait exceptionnel, et, s'il en est ainsi, les dangers que l'on nous signale, apparaissent comme bien moins graves qu'on ne les fait. S'il y a eu lésion (et la lésion s'entend ici dans un sens très-large) la rescision sera là pour y porter remède d'une façon aussi efficace que l'action en nullité. S'il n'y a pas eu lésion, quel inconvénient y a-t-il à laisser subsister l'acte? De quoi peuvent se plaindre le mineur et son tuteur? De ne pouvoir faire tomber l'acte? Mais cela me semblerait précisément exorbitant. Le tiers a eu tort, sans doute, de contracter avec un incapable, et c'est pour cela que la loi le sacrifie lorsque l'intérêt du mineur l'exige; mais, mettre à la discrétion d'un mineur qui n'a éprouvé aucun préjudice, un tiers, peut-être de bonne foi, je le répète, cela est exorbitant, cela est inadmissible en bonne équité.

59. — Le principe est donc celui-ci: l'acte passé par le mineur seul est rescindable pour cause de lésion. Cependant, il faut signaler, pour terminer sur ce point, quelques espèces dans lesquelles la loi refuse aux

mineurs l'action en rescision pour lésion. — Tout d'abord, le mineur commerçant, banquier ou artisan n'est pas restituable contre les engagements qu'il a contractés à raison de son commerce ou de son art (art. 1307). — Le mineur n'est pas non plus restituable contre les obligations qui naissent d'un délit ou d'un quasi-délit (art. 1310), mais la restitution serait admissible contre la reconnaissance du délit ou du quasi-délit, et contre la transaction intervenue au sujet d'un acte délictueux ces reconnaissance et transaction ne pouvant être assimilées au délit lui-même. Du principe posé par l'art. 1310, il résulte directement que le mineur ne peut se faire restituer contre les obligations qu'il aurait contractées en employant des manœuvres frauduleuses pour faire croire à sa majorité; toutefois, une simple déclaration de majorité n'arrêterait pas la restitution (art. 1307). — Aux délits et aux quasi-délits, faut-il assimiler les quasi-contrats? Oui, mais dans une certaine mesure seulement. Ainsi pour les quasi-contrats dont la naissance est entourée par la loi de formalités, telles par exemple, que l'acceptation ou la répudiation de succession, il ne peut être question de restitution, l'acte étant ou bien annulable pour vice de formes, ou bien définitif. Quant aux autres quasi-contrats, si l'obligation à la charge du mineur est née par le fait d'autrui, par exemple, si un tiers a joué vis-à-vis du mineur le rôle de *negotiorum gestor*, le recours pour lésion est au moins inutile, car, si la gestion a été bonne, il n'y a pas lésion, si elle a été mauvaise, l'action de gestion d'affaires suffira pour amener la réparation du préjudice éprouvé. Que si au contraire, le quasi-contrat s'est formé par le fait du mineur, si, par exemple, c'est le mineur qui a géré les affaires d'un tiers, il pourra se faire restituer contre les obligations préjudiciables nées contre lui du quasi-contrat, sauf, bien entendu, les cas de fraude ou de dol. C'est là en effet, la solution qui découle des principes.

**II. — Actes passés par le tuteur ou par le mineur émancipé, assisté de son curateur.**

60. — Ne parlons plus de capacité ou d'incapacité, mais occupons-nous des actes passés, soit par le tuteur dans la limite de ses pouvoirs, soit par le mineur émancipé avec l'assistance de son curateur, lorsque cette assistance seule était requise. Ces actes, je les considère comme définitifs, inattaquables; mais, dans deux systèmes différents, on propose une autre solution. En premier lieu, les auteurs qui attachent la nullité aux actes passés par le mineur seul, sont forcément amenés à décider que l'acte du tuteur est rescindable pour lésion, et, d'autre part, parmi ceux qui adoptent notre première proposition, quelques-uns voudraient que la rescision pour lésion, déjà applicable aux actes passés par le mineur seul, le fût encore à ceux dont nous nous occupons ici (1). En établissant notre opinion, nous réfuterons du même coup les deux systèmes adverses.

61. — Le rôle du tuteur, ses fonctions, ses pouvoirs, sont déterminés par les articles 450 à 468, qui

(1) Cette doctrine a été professée notamment par M. Demante, II, 781 et 782.

composent la section VIII du tit. IX, liv. I. Cette section forme un ensemble complet, placé sous cette rubrique : *De l'administration du tuteur*, s'annonçant ainsi comme devant contenir au moins les principes généraux applicables à l'administration tutélaire. Or, en nous en tenant à cette section, nous voyons le tuteur institué représentant légal du mineur dans tous les actes de la vie civile, agissant, administrant, sous sa propre responsabilité, aux lieu et place de son pupille, et sans autre limitation à ses pouvoirs que la défense formelle qui lui est faite de procéder sans accomplissement de formalités aux actes énumérés par les articles 457 à 467. — Pour les actes ordinaires, encore une fois, aucune restriction n'est annoncée dans notre section, rien ne fait supposer que la rescision puisse être admise contre eux, lorsqu'ils ont été régulièrement passés par le tuteur, d'où l'on a conclu qu'il faut assimiler le rôle du tuteur à celui d'un mandataire. Le mandataire représente le mandant, le tuteur représente son pupille ; le mandataire agissant dans les limites de son mandat, oblige valablement et définitivement la personne qu'il représente ; de même, doit-il en être du tuteur qui tient son mandat de la loi. — La lecture de l'article 482 conduit à une observation analogue, en ce qui concerne le mineur émancipé : cet article détermine les fonctions du curateur, il indique les actes pour lesquels l'émancipé devra se faire assister de son curateur, mais il se garde bien de poser une limite aux effets des actes passés par le mineur avec cette assistance.

62. — Nulle part donc, au titre X, il n'est question de rescision, à propos d'actes du tuteur ou du mineur

émancipé assisté de son curateur. Or, la rescision, étant quelque chose d'exceptionnel, ne saurait être invoquée en l'absence d'une disposition expresse, surtout contre l'acte du tuteur qui, dans l'ancien droit, échappait le plus souvent au recours pour lésion. Ainsi, tout étant réglé à notre titre pour le tuteur et pour le curateur, il faudrait en conclure que la rescision pour lésion n'existe pas dans nos deux hypothèses.

Mais, dit-on, ce que le législateur n'a pas fait au titre X, il l'a fait dans l'art. 1305, dont la disposition est applicable, selon les uns, aux actes du tuteur seulement et à ceux passés par le mineur émancipé avec l'assistance de son curateur, selon les autres, à tous les actes intéressant les mineurs. J'ai recherché déjà la signification exacte de cet art. 1305; j'ai démontré qu'en présence de sa disposition finale, il est impossible de l'appliquer à l'hypothèse du mineur émancipé assisté de son curateur, et, par voie de conséquence, à l'acte passé par le tuteur seul. Voici, du reste, encore un détail de texte qui a bien son importance. Trois articles de notre section (1304, 1312 et 1314), contiennent des règles applicables aussi bien au mineur qu'à l'interdit, et, remarquons-le, chacun d'eux mentionne avec soin l'interdit. Comment donc se fait-il, si le législateur a voulu dans l'art. 1305 parler de l'acte du tuteur, qu'il n'y ait point nommé l'interdit, à côté du mineur? Faudrait-il, par hasard, distinguer entre le tuteur du mineur et celui de l'interdit, déclarer rescindable l'acte de l'un, inattaquable, celui de l'autre? Personne n'y songe, et alors nos adversaires ne peuvent se tirer d'embarras qu'en mettant au compte des rédacteurs un oubli inconcevable dont ceux-ci ont bien su ne pas se rendre coupables dans l'art. 1304 qui précède immédiatement, dans les articles 1312 et 1314 qui suivent de très-près.

63. — L'art. 1305 enlevé aux opinions adverses, notre thèse est plus que démontrée, car il ne nous reste plus à combattre que des raisons peu concluantes, bien qu'elles aient été présentées comme décisives. On s'est efforcé d'abord d'argumenter, *a contrario*, des art. 463, 466, 840 et 1314, qui tous, contiennent une disposition expresse, excluant la possibilité d'une restitution pour certains actes soumis à des formalités particulières, et l'on a dit : Si le législateur a pris la peine de signaler un à un les cas dans lesquels l'acte passé par le tuteur est à l'abri de la restitution, c'est assurément que cette restitution reste admissible dans les autres cas ; autrement, on ne s'expliquerait pas la répétition si fréquente d'une même règle ! — Et puis, ajouta-t-on, n'y a-t-il pas, pour le mineur émancipé, l'art. 481, décidant que ce mineur n'est pas restituable à l'égard des actes seulement qu'il a pouvoir de faire seul? N'est-ce pas une nouvelle preuve que la rescision pour lésion reste possible pour tous ceux qui ne rentrent pas dans l'énumération de l'art. 481, c'est-à-dire pour les actes passés avec l'assistance du curateur?

64. — A tout ceci, la réponse est facile. Oui, je le reconnais, les dispositions des art. 463, 466, etc., étaient inutiles, et si elles n'existaient pas, je n'en déciderais pas moins que les actes soumis à des formalités spéciales sont à l'abri de la rescision, lorsqu'ils ont été régulièrement passés. Pourquoi donc les rédacteurs ont-ils inséré au Code les textes dont il s'agit? Le but de ces dispositions est clairement indi-

qué dans les travaux préparatoires : en ce qui concerne les actes soumis à des formalités, le législateur de 1804 a modifié la règle de l'ancien droit; ces actes, autrefois sujets à rescision, sont dans notre droit devenus inattaquables. Pour marquer le changement de législation, le Code pouvait à la rigueur garder le silence, il a préféré s'expliquer nettement; voilà la raison d'être des dispositions qu'on nous oppose. Les interpréter autrement, c'est leur donner une portée qu'elles n'ont pas, c'est prétendre que l'impossibilité de restituer qu'elles édictent, n'existerait pas sans elles; or, cette conséquence de l'objection, nos adversaires eux-mêmes ne l'admettent pas; car, pour plus d'un acte soumis à formalités, il n'existe pas de disposition légale analogue à celles des art. 463, 466, 840. Et pourtant tout le monde admet que ces actes, lorsqu'ils sont réguliers, sont aussi définitifs (§ 68 ci-après). — Au surplus, puisque nous parlons des articles 463, 466, 840, etc., remarquons ceci : la loi nouvelle, en modifiant le droit ancien, a voulu donner aux tiers et au mineur un moyen d'échapper pour les actes les plus importants, tels que ventes d'immeubles, partages, transactions, à la rescision pour lésion, si funeste aux intérêts de tous. Et, lorsqu'il s'agirait d'actes beaucoup moins graves, de baux, de ventes mobilières, il serait impossible d'arriver à cette sécurité qui est l'âme du crédit ? S'il en était ainsi, le législateur se serait montré inconséquent avec lui-même, et l'on a beau dire que la seule présence du tuteur est une garantie insuffisante! Il n'en est pas moins vrai que le système adverse arriverait à rendre l'administration du tuteur très-difficile, à écarter les tiers, en les empêchant de débattre librement leurs intérêts, et à causer ainsi au mineur un préjudice beaucoup plus considérable que celui que l'on voudrait éviter. C'est toujours là le résultat d'un système de protection exagérée.

65. — Reste l'art. 481, dont la disposition finale est tournée contre nous; mais l'art. 1305 y apporte, je crois, un correctif suffisant, en déclarant que « la lésion donne lieu à la rescision en faveur du mineur émancipé contre toutes les conventions qui excèdent les bornes de sa capacité, *ainsi qu'elle est déterminée au titre de la minorité.* » Pour se faire de cet article un appui, nos adversaires proposent d'en corriger ainsi la disposition finale, « ..... ainsi qu'elle est déterminée *par l'art.* 481. » Pour moi, j'aime d'autant mieux rester dans les termes de la loi, qu'il me semblerait irrationnel d'admettre la rescision contre l'acte passé par l'émancipé assisté de son curateur, alors qu'agissant seul, dans le sens de l'art. 481, il peut faire un contrat inattaquable.

66. — Enfin, nos adversaires invoquent deux dispositions qui, à leur sens, contiennent des applications particulières faites par le législateur lui-même du principe général qui domine la matière. Quand l'art. 2252 suspend le cours de la prescription en faveur du mineur, il protége ce dernier contre la négligence possible de son tuteur, il annule le fait du tuteur, ou plutôt il restitue le mineur contre une omission préjudiciable dont le tuteur s'est rendu coupable. De même, en matière de requête civile (article 481 Pr.), le mineur est autorisé à revenir contre le jugement dans lequel il n'a pas été valablement défendu par son tuteur, dans lequel le fait de son tuteur lui a causé une lésion. — Ces arguments ne nous tou-

chent guère. L'art. 2252 contient une règle exceptionnelle, règle dont nous avons trouvé l'origine dans le droit romain, et qui s'est développée depuis en dehors de la théorie de la restitution. Du reste, à notre tour, nous pourrions invoquer toute une série d'articles (942, 1070, 1074, 1663, 2195 et 2278) qui déclarent le mineur non restituable contre les conséquences d'omissions ou de négligences imputables au tuteur, et alors que deviendrait l'objection tirée de l'art. 2252? — Quant à l'art. 481 Pr., est-il vrai qu'il ouvre au mineur une restitution *sui generis*, en l'autorisant à se pourvoir, par voie de requête civile, contre les jugements dans lesquels il n'a pas été valablement défendu par son tuteur? On ne saurait encore le soutenir, car l'État, les communes, les établissements publics, peuvent, comme les mineurs, faire valoir le moyen de la requête civile contre les jugements dans lesquels ils sont intéressés, et cependant la rescision pour lésion leur est toujours refusée. L'objection n'est donc pas fondée.

### III. Actes soumis à des formalités spéciales.

67. — La dernière catégorie d'actes dont j'ai à m'occuper, comprend ceux que la loi, à raison de leur gravité, entoure de formalités spéciales, autorisation du conseil de famille, homologation du tribunal, avis de jurisconsultes, etc. (1). Ces actes, dans le système

(1) Dans cette classe, il faut assurément ranger : la vente de meubles corporels (art. 452), l'emprunt, l'hypothèque, l'aliénation d'immeubles, l'acceptation et la répudiation de successions, l'in-

que j'ai adopté, sont inattaquables, lorsque les formalités ont été remplies, annulables pour vice de formes, si elles ne l'ont pas été.

Que la première partie de notre proposition soit exacte, en principe, personne ne le conteste, en présence de l'intention clairement exprimée par les rédacteurs dans les travaux préparatoires, de modifier la règle contraire de l'ancien droit (§ 42). Il ne peut y avoir divergence que sur des points de détail et lorsqu'il s'agit de déterminer un à un, les actes soumis à formalités que le législateur a entendu soustraire à la possibilité d'une rescision. Voyons le texte de la loi : les articles 460, 840 et 1314 pour les ventes d'immeubles et les partages, l'art. 463 pour l'acceptation de donations, les art. 1309 et 1398 pour les conventions matrimoniales, contiennent des dispositions expresses proscrivant la rescision pour lésion, en indiquant que l'acte passé en conformité des règles du Code, obtient à l'égard du mineur tout l'effet qu'il aurait entre majeurs. Mais pour la transaction, l'acceptation ou la répudiation de successions, enfin l'emprunt, l'hypo-

troduction d'une action immobilière, l'acquiescement, la transaction (art. 457 à 467) la vente d'une inscription de rente sur l'État, représentant au pair, un capital supérieur à 1000 fr. (l. 24 mars 1806), et la vente d'une action de la Banque de France, (décret 25 sept. 1813). — On a soutenu quelquefois, et la jurisprudence est à peu près fixée en ce sens, qu'il y a lieu de faire rentrer dans la même classe, le transport de créance, la cession d'office, la vente de fonds de commerce, enfin la main-levée d'hypothèque consentie sans paiement. Toutefois, en l'absence de disposition légale, je crois qu'en droit pur ce sont là des actes ordinaires, rescindables pour lésion s'ils ont été passés par le mineur seul, inattaquables s'ils l'ont été par le tuteur, même sans formalités, sauf, bien entendu, dans ce dernier cas, la responsabilité personnelle du tuteur envers son pupille, s'il y a eu lésion.

thèque et l'acquiescement, existe-t-il des dispositions analogues aux art. 466, 840, 1314? — On a cité l'article 2052, portant que « les transactions ne peuvent être attaquées ni pour cause d'erreur de droit, ni pour cause de lésion » et l'on a appliqué cette disposition au mineur, mais elle est écrite pour le majeur seul, et il est impossible d'en tirer un argument pour établir que la transaction intéressant un mineur est à l'abri de la restitution. — On a invoqué encore l'art. 463 qui permet au mineur de reprendre une succession à laquelle il a régulièrement renoncé, tant qu'elle n'a encore été acceptée par quelque autre disposition inutile, a-t-on dit, s'il suffisait, pour faire tomber la renonciation, de prouver la lésion. Mais ce texte encore n'a pas été écrit dans le but d'exclure la restitution, il fait une application particulière de la règle contenue dans l'article 790, et il ne suffirait pas, à lui tout seul, pour rendre le recours pour lésion inadmissible contre une renonciation régulière. — Quoi qu'il en soit de ces deux articles, il est, dans tous les cas, certain que l'on ne peut trouver aucun texte donnant un caractère d'irrévocabilité à l'emprunt, à l'hypothèque, à l'acquiescement régulièrement passés. La loi étant muette, faut-il décider que tous ces actes, même entourés des formalités requises, sont rescindables pour lésion?

68. — On arriverait à cette solution si l'on voulait, à l'exemple des partisans d'un système que j'ai combattu (§ 63) considérer les art. 466, 840, 1314, 1398, etc., comme établissant autant d'exceptions à un principe général posé par l'art. 1305, et si, argumentant *a contrario* de ces dispositions, l'on prétendait soumettre à la rescision tous les actes du tuteur,

sous prétexte qu'il n'existerait pour eux aucun texte, excluant formellement la restitution. — J'ai fait ressortir déjà le peu de consistance de cet argument, et montré pourquoi, à mon sens, les dispositions spéciales de nos articles étaient inutiles. Au surplus, pour la question que j'étudie en ce moment, ce n'est pas aux textes, mais plutôt aux travaux préparatoires qu'il faut demander une solution : les rédacteurs se sont montrés plus d'une fois décidés à « rassurer pleinement ceux qui traiteraient avec des mineurs, *en suivant les formalités prescrites,* » et ils nous disent quelque part « que le projet imprime un caractère durable aux transactions pour lesquelles le tuteur aura été autorisé par le conseil de famille. » Or, la loi est arrivée à ce résultat, sans rejeter expressément la rescision pour lésion, pour la transaction régulière, et elle a procédé de même pour tous autres actes soumis à des formalités. La conclusion de tout ceci est donc qu'il suffit que la loi prescrive des formalités pour que l'acte passé conformément aux règles prescrites soit inattaquable pour lésion.

60. — Ces raisons ont paru convainquantes à la doctrine et à la jurisprudence en ce qui concerne presque tous les actes soumis à des formalités (1). Mais pourquoi quelques auteurs (2) traitent-ils différemment l'acceptation régulière de successions échues au mineur ? Pourquoi, dans l'un des considérants de son arrêt de rejet du 5 décembre 1838, la Cour de cassation, dépassant les nécessités de l'espèce, a-t-

(1) Voir cependant en sens contraire pour l'acceptation des donations faites au mineur, Grenier, *Donations* I, n° 83, et Merlin, *Rép.* mot : Mineur n° 87.

(2) Toullier IV, n° 335. — Marcadé sur l'art. 783, n° 6.

elle déclaré que l'héritier mineur acceptant sous bénéfice d'inventaire, peut se faire restituer contre son acceptation et que pour cela il lui suffit, à la différence du majeur, d'être lésé? L'acceptation d'une succession est pourtant un acte que la loi a entouré dans l'intérêt du mineur de formalités spéciales, puisqu'elle doit être faite avec l'autorisation du conseil de famille. — Indépendamment de l'argument ordinaire tiré de la généralité des termes de l'art. 1305, argument qui ne peut être d'aucun secours, on a cru pouvoir invoquer en faveur de la solution proposée, l'art. 783 aux termes duquel « le majeur ne peut attaquer l'acceptation que pour cause de dol, ou bien sous prétexte de lésion, lorsque la succession se trouverait diminuée de plus de moitié par la découverte d'un testament inconnu au moment de l'acceptation. » Il ressort évidemment de cette disposition que la loi a entendu établir une différence entre le majeur et le mineur sous le rapport des causes pouvant amener pour l'un et pour l'autre l'annulation de l'acceptation, et quelle serait cette différence, sinon que le mineur peut faire tomber cette acceptation pour toute espèce de lésion, tandis que le majeur ne le peut que dans le cas spécial de lésion prévu par l'art. 783? — Sans doute, il existe, sous le rapport des causes d'annulation, une différence entre l'acceptation du majeur et celle du mineur, je ne le méconnais pas; mais, cette différence que l'art. 783 veut mettre en lumière, réside-t-elle, comme on l'affirme, dans le cas spécial de lésion? C'est là ce qui n'est pas suffisamment établi, car, en réalité, notre article se borne à déclarer le majeur recevable à attaquer son acceptation dans deux hypothèses limitativement dé erminées. D'où il résulte que le mineur peut attaquer son acceptation dans les deux mêmes hypothèses et en outre dans une ou plusieurs autres. Et il le peut en effet, alors que le majeur ne le pourrait pas, au cas où le tuteur aurait accepté sans autorisation du conseil de famille. — Pour moi, je l'avoue, je ne vois aucun motif de soustraire l'acceptation de succession à l'application du principe général; je crois que, pour le mineur cet acte, comme tous autres soumis à des formalités, est, lorsqu'il a été régulièrement passé, à l'abri de la rescision ordinaire pour lésion.

70. — Supposons maintenant que l'une ou l'autre des formalités prescrites n'ait pas été observée. Nous rentrons ici dans la controverse générale que l'examen de la question précédente nous avait fait momentanément abandonner; en effet, tandis que, dans le système d'ensemble que j'ai adopté, on considère l'acte ainsi passé comme toujours annulable pour vice de formes (1), certains auteurs (2) ont soutenu qu'il y avait lieu d'établir une distinction entre l'acte irrégulier émané du tuteur ou du mineur émancipé assisté de son curateur, et celui du mineur agissant seul. Ces auteurs admettent comme nous que les actes d'administration du tuteur sont à l'abri du recours pour lésion, que les actes ordinaires passés par

(1) Sauf application de l'art. 2279 pour la vente mobilière et des articles 840 et 1314, pour le partage.

(2) Marbeau : *Traité des transactions* n° 42. — Merlin *Quest.* mot ; hypothèque § 4 n° 3. — Poitiers 12 mess. an XI. Cass. 30 mai 1814. — V. dans le sens de l'opinion émise au texte outre les autorités citées en note sous le § 40, Amiens 29 juill. 1824, Rennes, 17 novembre 1836. Paris, 18 mars 1839.

le mineur seul ne sont que rescindables pour lésion; ils pensent aussi comme nous que les actes soumis à des formalités sont, lorsqu'ils ont été irrégulièrement passés par le tuteur, annulables pour vice de formes; mais, si ces actes émanent du mineur seul, ils repoussent l'annulation pour vice de formes et accordent seulement la rescision pour lésion.

71. — En ce qui concerne l'irrégularité résultant du fait du tuteur, rien de plus simple : le tuteur a excédé les bornes de son mandat, il a fait un acte qu'il n'avait pas pouvoir de faire; il est donc tout naturel que le mineur en puisse demander la nullité. Mais, les formalités des articles 457 à 467 sont imposées au tuteur et non pas au mineur; si donc le mineur agissant seul emprunte, s'il aliène ou hypothèque ses immeubles, il ne fait rien qui lui soit défendu, il ne viole aucune loi; pourquoi dès lors l'acte ainsi passé serait-il nul pour vice de formes, au lieu d'être simplement rescindable? Pourquoi se montrer ici plus favorable au mineur, moins favorable aux tiers que pour les actes ordinaires? Les motifs que l'on fait valoir pour repousser la nullité pour incapacité à l'égard des actes ordinaires passés par le mineur seul, perdent-ils de leur force lorsqu'il s'agit d'actes soumis à des formalités spéciales? Le mineur n'est-il pas ici encore suffisamment protégé par la rescision en cas de lésion? Et l'intérêt des tiers que l'on est si soucieux de sauvegarder autant que possible dans un cas, mérite-t-il dans l'autre moins d'égards? — Les actes soumis à des formalités sont, lorsqu'ils ont été passés par le mineur seul, simplement rescindables pour lésion; c'est au surplus ce qui résulte, pour le mineur émancipé, de la combinaison des articles 483, 484 et 1305. Les ar-

ticles 483 et 484, en effet, défendent à l'émancipé d'emprunter, d'aliéner ou d'hypothéquer ses immeubles sans observer les formalités prescrites pour le mineur non émancipé, et puis l'article 1305 accorde au mineur émancipé la rescision pour lésion contre toutes conventions « qui excèdent les bornes de sa capacité, ainsi qu'elle est déterminée au titre X. » L'emprunt, l'hypothèque, l'aliénation immobilière, excèdent, pour parler le langage de la loi, les bornes de la capacité du mineur émancipé, ainsi qu'elle est déterminée au titre de la minorité; donc, si ces actes émanent du mineur seul, ils doivent être rescindables pour lésion. Et l'article 1305 renferme implicitement une solution identique pour le mineur non émancipé, car il règle pour les deux classes de mineurs des hypothèses analogues.

72. — Ainsi raisonnent les partisans du système adverse, mais leur doctrine, adoptée d'abord par la jurisprudence, est aujourd'hui, et avec raison, complètement abandonnée dans la pratique. Son défaut capital est de vouloir introduire dans le droit actuel, au moyen d'une interprétation au moins douteuse, une règle toute nouvelle, contraire à celles de l'ancienne législation française et même de la législation romaine, sous l'empire desquelles on a toujours décidé que l'acte soumis à des formalités serait nul ou annulable, indépendamment de toute lésion, lorsque les formalités auraient été omises. Le législateur de 1804 a-t-il entendu innover sur ce point? Rien, dans les travaux préparatoires, ne semble l'indiquer; le petit détail de texte sur lequel on s'appuie nous autorise-t-il du moins à le supposer? Je ne le crois pas. Sans doute l'article 1305 accorde au mineur émancipé

la rescision pour lésion contre la convention qui excède les bornes de sa capacité, mais à une condition, c'est que cette convention ne soit pas déjà nulle en la forme. Il faut donc rechercher si, en dehors de l'article 1305, il n'existe pas quelque disposition qui établisse l'annulabilité pour vice de formes des actes dont je m'occupe. Or, cette disposition existe dans l'article 1311, aux termes duquel l'engagement souscrit par le mineur peut être, ou bien *nul en la forme*, ou bien *sujet à restitution*. Il n'est pas question dans l'article 1311 de l'acte passé par le tuteur, car s'il en était ainsi, il faudrait reconnaître que l'acte du tuteur est quelquefois sujet à rescision, erreur que nos adversaires actuels nous ont aidés à repousser. Mais alors, notre article se place donc dans l'hypothèse du mineur agissant seul, et qu'est-ce que la nullité de forme dont il parle, sinon celle qui doit frapper l'acte passé par le mineur seul, lorsque des formalités prescrites n'ont pas été observées?

73. — S'en tenir à la lettre étroite des art. 457 à 467, et dire que ces articles imposent l'accomplissement des formalités au tuteur seul et non au mineur, est encore irrationnel, car, enfin, le mineur pourrait-il, sans le concours de son tuteur, satisfaire au vœu de la loi? Pourrait-il remplir les formalités à lui tout seul? Cela est impossible. Ne nous étonnons donc pas trop de voir nos articles mettre toujours en scène le tuteur seul, dont le concours est, dans tous les cas, indispensable. — J'ajoute que je ne vois véritablement aucun motif de déclarer seulement rescindable pour lésion l'acte irrégulier émané du mineur seul, alors que pareil acte émané du tuteur serait annulable. L'intérêt des tiers! il ne faut pas s'en préoccuper

outre mesure; la loi a voulu concilier cet intérêt avec celui du mineur, lorsqu'il s'agit d'actes ordinaires, elle ne l'a pas voulu pour les actes plus graves, et elle a bien fait. Les formalités qu'elle a prescrites pour l'aliénation immobilière, pour la transaction, etc., deviendraient, en effet, illusoires si le mineur, agissant seul, pouvait valablement aliéner, transiger; la porte serait toute grande ouverte à la fraude, car là où le tuteur ne pourrait agir, il ferait intervenir le mineur seul, et la loi serait ainsi tournée.

Ne voit-on pas, du reste, l'inconséquence que l'on prête au législateur. Comment! le tuteur dont les actes d'administration sont à l'abri de la restitution, verrait ses actes d'aliénation annulés pour vice de forme, et le mineur dont les actes d'administration sont rescindables pour lésion, pourrait faire, sous la même condition de rescision, des actes d'aliénation valables! Les pouvoirs du tuteur, plus considérables que ceux du mineur, lorsqu'il s'agit de l'administration, le seraient moins lorsqu'il s'agirait de l'aliénation! Non, je le répète, le législateur n'a pu vouloir pareille inconséquence.

Pour tous ces motifs, je repousse le système adverse, et je crois que les actes soumis à des formalités, sont toujours, lorsque ces formalités ont été omises, annulables pour vice de formes.

74. — Cette solution est applicable, sans contredit, aux emprunts, constitutions d'hypothèques, aliénations immobilières, transactions, acceptations de donations ou de successions, renonciations à hérédités (1). Mais que décider pour les conventions ma-

(1) Voir pour le partage irrégulier, § 82, ci-après.

trimoniales? Elles sont, nous l'avons vu, soumises à des formalités spéciales, car le mineur doit y figurer en personne avec l'assistance, non du tuteur, mais de ceux qui ont qualité pour consentir au mariage (art. 1309 et 1398). — Les formalités remplies, le contrat est inattaquable; ainsi le décident les articles cités. Jusqu'ici, rien d'anormal. Mais si les formalités ont été omises, si le mineur n'a pas été régulièrement assisté, le contrat doit être, d'après les principes que nous avons admis, annulable pour vice de formes. En est-il bien ainsi? Parmi les auteurs, quelques-uns, et des plus autorisés (1), se prononcent pour la négative. Ils considèrent qu'il s'agit ici d'une simple question de capacité, et que, par conséquent, le contrat de mariage passé par le mineur non régulièrement assisté, est simplement annulable pour cause d'incapacité, ou, puisque c'est la même chose, rescindable pour lésion. Mais ce système est repoussé par une jurisprudence constante. La Cour de Cassation a décidé, plusieurs fois (2), que le contrat de mariage, dans notre hypothèse, est nul pour inobservation des formalités prescrites, et que, par conséquent, il n'est pas nécessaire de rechercher si l'époux mineur a été lésé. La doctrine consacrée par la jurisprudence est seule conforme aux principes et doit, pour ce motif, être admise.

(1) Aubry et Rau, § 502, — Rodière et Pont, *Traité du contrat de mariage*, § 40. — Marcadé, sur l'article 1308, § 2. — Troplong, *Contrat de mariage*, I, p. 288.

(2) Cass. 5 mars 1855. — 13 juillet 1857, — 15 nov. 1850 — 20 juillet 1859.

## CHAPITRE III.

### PAR ET CONTRE QUI LA RESCISION ET L'ANNULATION PEUVENT ÊTRE DEMANDÉES. — FINS DE NON-RECEVOIR. — EFFETS.

75. — Je n'aurai plus à parler désormais de ceux des actes intéressant les mineurs, qui sont définitifs; leur étude ne rentre pas dans mon sujet, et si je les ai déterminés au chapitre qui précède, je l'ai fait dans le seul but de mieux faire ressortir quels actes sont sujets à rescision pour lésion, quels autres sont frappés de nullité pour vice de formes. Ces deux dernières catégories d'actes m'occuperont exclusivement dans la suite, ou plutôt je vais étudier les actions en nullité et en rescision considérées en elles-mêmes. Nous connaissons les cas d'application de nos deux actions et par conséquent leur objet; nous connaissons aussi leur cause; voyons maintenant : — 1° par qui elles peuvent être intentées; — 2° contre quelles personnes elles doivent être poursuivies; — 3° quelles fins de non-recevoir peuvent en arrêter le cours; — 4° enfin, quels sont les effets de l'annulation et de la rescision prononcées.

76. — I. — Parlons en premier lieu de l'action en rescision. Le droit de l'intenter appartient d'abord au mineur lésé; mais ce droit, il ne peut le faire valoir personnellement qu'après avoir atteint sa majorité. Jusque-là, l'exercice de l'action appartient au tuteur. — De la personne du mineur, le droit de demander

la rescision passe certainement à ses héritiers ou successeurs universels et à ses cessionnaires. Mais, les créanciers agissant en vertu de l'article 1166 seraient-ils recevables à demander la rescision pour lésion d'un acte passé par leur débiteur mineur?

Ce point autrefois controversé en doctrine, l'est encore très-sérieusement dans la jurisprudence, car les arrêts rendus sur la question sont à peu près aussi nombreux pour l'affirmative que pour la négative (1). Dans le sens de l'affirmative, on a rappelé que l'article 1166 permet aux créanciers d'exercer tous les droits et actions de leur débiteur mineur, à l'exception de ceux qui sont exclusivement attachés à la personne; puis, de ce que les articles 1208, 2012 et 2036 qualifient de purement personnelle au débiteur, l'exception fondée sur la minorité, on a tiré cette conséquence que l'exception dont il s'agit est l'une de celles qui ne peuvent être invoquées par les créanciers; enfin l'on a ajouté qu'il convient de laisser le mineur seul juge de la question de savoir s'il n'est pas, au moins moralement, obligé de respecter l'acte qu'il a passé sans assistance. — Aucun de ces arguments ne porte; et d'abord, faut-il, comme le fait le système adverse, confondre les droits et actions *exclusivement attachés à la personne*, de l'article 1166, et les droits ou exceptions *purement personnels* des articles 1208, 2012 et 2036? Certainement non. Les articles 1208, 2012 et 2036 s'occupent d'une

(1) Pour l'affirmative, Bastia, 23 mai 1834; — Rouen, 9 janvier 1838; — Bastia, 30 août 1834. — Pour la négative, Grenoble, 2 août 1827; — Paris, 15 décembre 1830 et 10 janvier 1835. Quant aux auteurs, Toullier est le seul qui ait soutenu la solution négative, VII, 568 et suiv.

matière spéciale, celle du cautionnement. Or, en matière de cautionnement, il y a des exceptions réelles, pouvant être invoquées par le débiteur principal et par la caution, et des *exceptions personnelles* (telle, par exemple, l'exception de minorité) qui appartiennent au seul débiteur principal. Mais, de ce que l'exception de minorité est personnelle et non pas réelle, en résulte-t-il qu'elle ne peut être invoquée par les créanciers du mineur dans le cas de l'article 1166? Ce serait là une conséquence forcée, inadmissible en théorie, comme aussi en bonne équité. L'action en rescision appartenant au mineur constitue en effet un élément de son patrimoine, élément sur lequel porte le droit de gage général accordé aux créanciers par les articles 2092 et 2093. — Ceci bien établi, on comprendra qu'il n'y ait pas lieu de s'arrêter aux motifs de convenance invoqués par le système adverse.

77. — Voilà pour le mineur et pour ses ayants-cause, héritiers, successeurs universels, cessionnaires ou créanciers; à toutes ces personnes appartient le droit de provoquer la rescision de l'acte entaché de lésion. Citons-en d'autres maintenant, qui certainement n'ont pas ce droit.

Je viens de parler des codébiteurs solidaires et des cautions, qui, aux termes des articles 1208, 2012 et 2036, ne peuvent opposer au créancier l'exception tirée de la minorité du débiteur principal : ils ne peuvent pas non plus, par conséquent, intenter l'action en rescision pour lésion de l'acte dans lequel ils se sont obligés avec le mineur, et, si ce droit ne leur appartient pas, à plus forte raison est-il refusé à des codébiteurs simplement conjoints. — Tout cela est parfaitement conforme aux principes, et en effet, les articles 1305 et 1313, complétant la disposition de l'art. 1118 décident, le premier que la simple lésion donne lieu à la rescision *en faveur du mineur* contre toute sorte de conventions, le second, que les majeurs ne sont restituables pour lésion que dans les cas spécialement exprimés par le Code, c'est-à-dire en matière de partage, de vente d'immeubles, et dans le cas spécial de l'art. 783. Il suffit de combiner les règles de nos deux articles, pour être amené tout naturellement à refuser, comme nous l'avons fait, le droit de demander la rescision, aux coobligés du mineur, solidaires ou autres. — Cependant, on a voulu apporter à cette règle une restriction et l'on a soutenu que, dans les matières indivisibles, les coobligés du mineur peuvent intenter l'action en rescision appartenant à ce dernier, que si, par exemple, plusieurs copropriétaires d'un même immeuble, dont l'un mineur, avaient établi une servitude sur cet immeuble, les copropriétaires majeurs seraient autorisés à faire rescinder ou plutôt annuler l'acte constitutif de la servitude, en se fondant sur l'incapacité de leur copropriétaire mineur (1). — Ceci est je crois inexact. On s'est appuyé sur la règle : *in individuis minor relevat majorem*; mais cette règle n'est applicable qu'aux prescriptions ou aux déchéances de droits indivisibles. On a dit encore qu'une servitude ne pouvant être constituée pour partie, la rescision, ou dans l'espèce, l'annulation de l'engagement du mineur, profiterait nécessairement aux majeurs. Que la rescision ou l'annulation une fois prononcée, profite aux majeurs, je ne le nie pas,

(1). Duranton XII, 546. — Proud'hon II p. 489. — *Contrà*; Aubry et Rau § 335, note 15.

le tout est de savoir si les majeurs ont le droit de faire prononcer l'annulation, et c'est là ce que le système adverse ne parvient pas à établir. Au surplus, il faut tenir compte ici d'un autre élément. En supposant un partage ultérieur de l'immeuble ainsi grevé de servitude, et en appliquant la règle posée dans l'art. 883, on arrive au résultat suivant : si l'immeuble tombe au lot du mineur, la servitude disparaîtra pour le tout; si au contraire l'immeuble tombe au lot d'un majeur, celui-ci devra supporter la servitude. Aussi quelques auteurs ont-ils proposé de déclarer l'action du mineur non recevable, prématurée, tant que dure l'indivision (1).

78. — Ainsi, dans aucun cas, les codébiteurs du mineur ne peuvent exercer notre action en rescision. Il en est de même des tiers avec lesquels le mineur a passé l'acte entaché de lésion, l'art. 1125 défendant aux personnes capables de s'engager, d'opposer l'incapacité de celles avec qui elles ont contracté. — Cependant on s'accorde en général pour donner, dans un intérêt d'équité, aux tiers contractants, le droit de provoquer le mineur, avant l'exécution de l'acte, à choisir immédiatement entre l'exercice ou l'abandon valable de l'action, et de surseoir à l'exécution en cas de refus de la part du mineur.

79. — Pour l'action en nullité, mêmes règles que pour l'action en rescision, mêmes controverses, résolues dans le même sens. Ainsi, notre action peut être formée par le mineur devenu majeur et par son tuteur pendant la minorité (2). Elle n'est pas exclusive-

(1) Aubry et Rau *loc cit.*

(2) Sauf autorisation du conseil de famille lorsque l'action est immobilière. Cass., 25 mars 1831.

ment attachée à la personne et par suite elle est cessible, passe aux héritiers et peut être exercée par les créanciers. Mais, comme l'action en rescision, elle n'appartient ni aux coobligés du mineur, ni aux personnes qui ont traité avec lui. (art. 1125 al. 2.) — Toutefois, pour certains actes, l'acceptation de donation, le contrat de mariage, le partage, on a soutenu que l'inobservation des formalités prescrites entraîne non pas une nullité simplement relative, mais une nullité absolue, proposable même par les tiers cocontractants. Pour moi, je crois que la nullité de formes est toujours relative et qu'à cette règle la loi n'apporte aucune exception. Examinons les arguments que l'on a fait valoir en sens contraire pour chacun des actes que j'ai cités.

80. — En ce qui concerne la donation, la question est depuis longtemps controversée : déjà sérieusement engagée dans l'ancien droit où, sous l'empire de l'ordonnance de 1731, Ricard tenait pour la nullité absolue, tandis que Pothier enseignait la doctrine de la nullité relative, la lutte entre les deux systèmes s'est continuée sous l'empire du Code, et elle dure encore très-vive, aujourd'hui. Constatons toutefois que l'ancien système de Ricard semble l'emporter en jurisprudence, l'opinion adverse n'ayant pour elle qu'un petit nombre d'arrêts (1). — Pour établir la doctrine

(1) Nullité absolue : Riom, 14 août 1829. — Toulouse, 27 janv. 1830. — Limoges, 15 avril, 1836. — Cass., 8 mai 1854 et 14 juillet 1856. — Dijon, 12 juillet 1865. — Delvincourt, II, p. 69 — Troplong, III, n[os] 1118 et 1126. — Aubry et Rau, V. p. 461. — Nullité relative : Douai, 6 août 1823. — Nancy, 4 février 1830. — Valette, sur Proud'hon, II, p. 470, note *a*. — Marcadé, sur l'article 935, n° 5. — Demolombe. *Donat.*, III, n° 219.

de la nullité absolue, on dit que la donation entre-vifs est un contrat solennel, que la capacité d'accepter dans la personne qui fait l'acceptation est l'un des éléments essentiels de la solennité et que, par conséquent, si cette capacité fait défaut, l'acceptation et la donation elle-même, sont radicalement nulles; on ajoute que c'est bien là le système de la loi, puisque les articles 934 et 935 sont placés dans une section qui a pour rubrique : *De la forme* des donations entre-vifs. — L'erreur de ce système résulte précisément de la confusion qu'il fait entre les formes de la donation et les formalités spéciales prescrites dans l'intérêt des mineurs. Aux termes de l'art. 931, la donation doit être faite par acte notarié et avec minute, et l'art. 933 soumet aux mêmes règles, l'acceptation de la donation : voilà pour la solennité de l'acte. L'inobservation de ces règles engendre, cela est vrai, une nullité absolue, les art. 1337 et 1338, combinés, suffiraient au besoin pour l'établir. Mais, la présence du tuteur et l'autorisation du conseil de famille, sont-elles aussi des éléments de la solennité? leur absence entraîne-t-elle nullité absolue, proposable même par le donateur, non susceptible de confirmation? Il faudrait pour cela qu'il y eût, à l'égard de la donation, une dérogation aux principes généraux, d'après lesquels l'inobservation de formalités prescrites dans l'intérêt des incapables ne donne lieu qu'à une nullité relative. Cette dérogation, on prétend qu'elle existe et l'on se fonde pour le soutenir sur la rubrique de notre section. L'argument est-il concluant? Non, et il me suffira pour le faire tomber de rappeler que la section I du chap. IV, s'occupe non pas seulement de la solennité ou de la forme des donations, mais encore de la prohibition de donner des biens à venir, de l'effet des conditions potestatives dans les donations, de la possibilité de stipuler le droit de retour, etc. : tous ces points ont-ils quelque chose de commun avec les formes de donations? — Au surplus, ce qui montre avec évidence que les formalités prescrites pour l'acceptation du mineur ne sont pas des éléments de la solennité, c'est le rappel fait dans l'article 935 de la disposition de l'art. 463, à laquelle il n'a pas voulu déroger. L'art. 935 n'innove pas, il nous laisse placés sous l'empire des principes généraux qui ne veulent pas que les tiers puissent se prévaloir de l'inobservation des formalités prescrites dans l'intérêt des incapables.

81. — Le contrat de mariage passé par le mineur sans autorisation est nul pour vice de formes; ce point, nous l'avons établi (§ 74). Mais la nullité est-elle absolue ou relative? M. Bertauld, s'est prononcé dans le premier sens (1), et la Cour de Cassation, dans les considérants de son arrêt de rejet du 5 mars 1855, a posé en thèse la même doctrine, en déclarant que la nullité dont nous nous occupons peut être invoquée par toute partie intéressée. Remarquons toutefois que, dans l'espèce qui lui était soumise, la cour suprême avait à résoudre seulement la question de savoir si les époux, dans le but de se soustraire aux effets des conventions passées par eux, sont recevables à opposer aux tiers leur contrat de mariage entaché de nullité pour défaut de capacité, sans que les tiers puissent invoquer la nullité du contrat. L'arrêt du 5 mars 1855 a tranché la question en faveur des tiers,

(1) Bertauld : *Revue critique*, 1862, XXI, p. 195 et 196.

mais telle qu'elle était posée, telle qu'elle a été résolue, elle ne touchait en rien au principe établi par l'article 1255 2°, et en effet, de ce que les tiers avec lesquels l'époux mineur a contracté pendant le mariage et vis-à-vis desquels il a, en même temps renoncé, implicitement au moins, à se prévaloir d'un contrat de mariage entaché de nullité, sont admis à invoquer cette nullité lorsque plus tard on veut leur opposer le contrat, il ne résulte pas que la nullité dont il s'agit, soit absolue. Pour qu'elle le fût, il faudrait que l'autre conjoint après le mariage, ou ses créanciers personnels pendant le mariage, fussent recevables à l'invoquer. La Cour de Cassation, dépassant dans les considérants de son arrêt, les nécessités de l'espèce, a résolu cette dernière question par l'affirmative, mais je ne puis admettre une semblable dérogation aux principes généraux, sans un texte précis qui fait absolument défaut dans notre hypothèse.

82. — Quant au partage, la question se pose différemment. Le partage de biens indivis avec un mineur, lorsqu'il est passé sans l'accomplissement des formalités prescrites, n'est pas annulable pour vice de forme; les art. 466 et 840 le déclarent simplement provisionnel. Or, la partie vis-à-vis de laquelle un partage est provisionnel peut à toute époque et sans avoir à en faire prononcer la nullité, demander un partage définitif. Cela étant, nous n'avons pas à rechercher qui peut demander une nullité qui n'existe pas, mais à quelles personnes, dans l'hypothèse d'un partage provisionnel, appartient le droit de demander un partage définitif, ou en d'autres termes, vis-à-vis de quelles personnes, le premier partage est provisionnel. Il faut ici user de distinctions.

Supposons d'abord le partage irrégulier passé par le tuteur : il est alors certainement et dans tous les cas provisionnel à l'égard du mineur, et j'ajoute qu'en tant que provisionnel, ce partage est définitif, en ce sens que la rescision pour cause de lésion n'en pourrait être prononcée. — Quant au copartageant majeur, quelle est sa situation ? Si les parties, en procédant au partage, ont eu l'intention de faire une simple division de jouissance, pas de difficulté : le majeur, pour demander un partage définitif, n'aura à se prévaloir que des termes mêmes de la convention. Si, au contraire, les parties ont eu l'intention de procéder à un partage définitif (et c'est précisément l'hypothèse dans laquelle se place l'art. 840), ce partage qui est provisionnel à l'égard du mineur, sera-t-il aussi tel à l'égard du copartageant majeur ? le majeur, pourra-t-il, si bon lui semble, provoquer un nouveau partage ? — L'affirmative a été enseignée (1) et l'on s'est fondé pour la soutenir, d'abord sur la généralité des termes de l'art. 840 et puis sur les inconvénients qui résulteraient d'un partage ainsi définitif à l'égard des uns, provisionnel à l'égard des autres. Mais il m'est impossible d'adopter cette solution, car elle est tout à fait contraire au principe qui veut que les tiers ne puissent opposer au mineur avec lequel ils ont contracté, l'inobservation des formes prescrites dans l'intérêt de ce mineur. Les termes de l'art. 840 ! ils ne sont pas aussi généraux que l'on dit : l'article s'occupe des effets du partage, soit régulier, soit irrégulier, mais à l'égard du mineur seulement, et la preuve, je la

(1) Duranton VII, n° 179. — Coulon. *Quest. de droit* II, p. 247. — De Fréminville. *Minorité* II, n° 579. — *Contra* : Demolombe, *Successions*, T. III, n° 691. — Aubry et Rau § 623, texte et note 16.

trouve tout entière dans la première partie de l'article 840 qui déclare les partages passés conformément aux règles prescrites, définitifs, *définitifs à l'égard des mineurs* assurément. Quant aux inconvénients allégués par le système adverse, ne se retrouvent-ils pas dans tous les actes irréguliers passés avec des incapables? Ces inconvénients sont-ils donc plus considérables ici, qu'au cas de vente d'immeubles, de constitutions d'hypothèques, etc.? Au reste, l'incertitude née d'un partage irrégulier, provisionnel, pour les uns, définitif pour les autres, pourra cesser au moyen de la mise en demeure que tout copartageant est autorisé à adresser au mineur devenu majeur d'avoir à ratifier le partage accompli ou à en provoquer immédiatement un nouveau.

83. — Ces règles doivent être quelque peu modifiées, lorsqu'il s'agit d'un partage irrégulier passé entre un majeur et un mineur agissant sans l'assistance de son tuteur. A l'égard du majeur, rien n'est changé; le partage est toujours pour lui provisionnel, si, dès le principe, les parties ont voulu qu'il fût tel, définitif, si elles ont entendu lui attribuer ce caractère. Vis-à-vis du mineur, l'acte ne peut assurément être définitif; est-il au moins provisionnel? Rien ne s'y oppose, car le partage provisionnel est l'un des actes que le tuteur peut passer sans accomplissement d'aucune formalité. Seulement, le partage provisionnel émané du mineur non assisté, sera, conformément aux principes généraux, rescindable pour lésion, et la rescision prononcée aura pour effet de faire mettre en commun tous les fruits perçus jusque-là divisément.

84. — II. — Après avoir indiqué les personnes qui sont demanderesses, dans nos deux actions en nullité

et en rescision, voyons celles qui y sont défenderesses. — L'action en rescision appartenant au mineur est toujours, à mon sens, une action personnelle et en outre une action mobilière; elle doit être intentée contre celui avec qui le mineur a passé l'acte, ou contre ses héritiers, et elle pourrait l'être, comme à Rome, contre un autre mineur, sauf, dans cette hypothèse, certains effets particuliers, sur lesquels j'aurai à revenir. De ce que notre action est personnelle, il résulte au surplus qu'elle doit être portée devant le tribunal du domicile du défendeur. — Quant à l'action en nullité, elle est aussi, dans un grand nombre de cas, personnelle et mobilière, et alors les règles qui viennent d'être indiquées lui sont applicables. Mais elle est immobilière au cas spécial de nullité de vente d'immeubles, et, dans ce cas, le demandeur a le choix entre le tribunal du domicile du défendeur et celui de la situation de l'immeuble. Néanmoins, c'est toujours la personne avec laquelle le mineur ou son tuteur ont traité qui devra être assignée, et cela même s'il y avait eu revente de l'immeuble. Dans ce dernier cas, il est vrai, le demandeur fera bien de mettre en cause le détenteur actuel de l'immeuble pour lui fermer la voie de la tierce opposition, mais il n'y est pas tenu et il peut se borner à assigner le premier acquéreur.

85. — III. — Je passe aux fins de non-recevoir qui peuvent être opposées à nos actions en nullité et en rescision. — Nous en trouvons une toute spéciale à l'hypothèse du paiement fait par un mineur, dans l'art. 1238-2° : « Le paiement d'une chose qui se consomme par l'usage ne peut être répété contre le créancier qui l'a consommée de bonne foi... quoique

ce paiement ait été fait par celui... qui n'était pas capable de l'aliéner. » Que le mineur ait été lésé, peu importe, le paiement est devenu définitif; poursuivie en rescision, la partie recevante opposera la consommation qu'elle a faite de bonne foi, et repoussera ainsi le demandeur. — Voici maintenant une fin de non-recevoir applicable à tous les cas dans lesquels il y a lieu à rescision, mais dont il ne saurait être question pour les cas de nullité, c'est celle qui résulte de l'offre que le défendeur est autorisé à faire d'une indemnité suffisante pour faire disparaître le préjudice dont se plaint le demandeur. Dans l'hypothèse d'une pareille offre, l'action est arrêtée, elle est éteinte, parce que la cause en a disparu. Le tout est de savoir si le demandeur est tenu de se contenter d'une satisfaction pécuniaire, égale au montant du préjudice, et laissant subsister par conséquent l'acte attaqué : les auteurs sont à peu près d'accord pour enseigner cette doctrine (1) et ils se fondent sur l'analogie qui existe entre notre hypothèse et les cas prévus par les articles 891 et 1681. — Enfin, signalons les fins de non-recevoir qui sont communes à l'action en rescision et à l'action en nullité : la confusion, la confirmation et la prescription.

86. — Le mineur succédant à la personne avec laquelle il a passé une convention sujette à rescision ne peut plus évidemment exercer son action, il n'a plus d'adversaire. Dans cette hypothèse, la confusion n'est pas seulement une fin de non-recevoir, elle est un mode d'extinction totale de l'action qui ne peut

(1) Aubry et Rau, § 333, texte et note 6. — Duranton, XII, 526. — De Fréminville, II, 825.

plus même être intentée. Il en serait encore ainsi s'il s'agissait d'une action en nullité pour vice de formes d'un acte passé par le tuteur ou par le mineur seul, et si du reste la confusion s'opérait entre la personne du mineur et celle de l'adversaire. Mais voici une hypothèse dans laquelle la confusion deviendrait une véritable fin de non-recevoir : je suppose un acte nul en la forme, passé par le tuteur, et le mineur devenu héritier de son tuteur ; si le tuteur était tenu personnellement à garantie vis-à-vis du tiers, ce dernier, actionné en nullité de l'acte, opposera la confusion, et la demande sera ainsi repoussée. Il resterait à déterminer les cas dans lesquels le tuteur doitgarantie, mais ce point étranger à notre sujet, ne doit pas nous occuper ici.

87. — A l'égard de la confirmation considérée comme fin de non-recevoir possible contre nos deux actions, la première question à examiner est celle de savoir si les actes entachésde lésion ou de nullité pour vice de formes, sont susceptibles d'être confirmés ; la solution affirmative n'est pas douteuse (art. 1311). C'est qu'en effet les actes nuls en la forme et les actes rescindables ne sont pas inexistants, le vice dont ils sont entachés ne peut être invoqué que par le mineur ou par ses ayants-cause et qu'y a-t-il d'étonnant dès lors à ce que ces personnes puissent renoncer à l'action qui leur appartient ? J'admettrais, pour le même motif, la possibilité d'une confirmation à l'égard de l'acceptation d'une donation faite sans accomplisssement des formalités prescrites par les articles 463 et 935, hypothèse qui, du reste, ne rentre pas dans les termes de l'art. 1340.

La confirmation de l'acte annulable ou rescindable

peut être expresse ou tacite; mais dans l'un et l'autre cas, une triple condition est exigée pour la validité de la confirmation. Il faut que la personne de qui émane l'acte confirmatif soit capable, qu'elle ait connaissance du vice qu'il s'agit de couvrir et enfin qu'elle ait l'intention de réparer ce vice. Le mineur peut donc personnellement et valablement renoncer aux actions en nullité et en rescision lui appartenant, dès qu'il a atteint sa majorité; toutefois, par exception, la confirmation d'un contrat de mariage nul pour inobservation des conditions prescrites par l'article 1398 ne pourrait intervenir qu'après la dissolution du mariage.

88. — La confirmation a pour effet de rendre l'acte aussi inattaquable que si, dans le principe, cet acte n'avait été entaché d'aucun vice; elle a un effet rétroactif; mais entre les parties seulement, car l'art. 1338 pose en principe que la ratification ne peut préjudicier aux droits des tiers. Quels sont donc les tiers auxquels ne pourra être opposée la fin de non-recevoir tirée de la confirmation de l'acte? Il faut évidemment que ces tiers soient de ceux qui peuvent se prévaloir de la nullité ou de la lésion. Or, les héritiers du mineur ne sont pas vis-à-vis de lui des tiers; d'un autre côté, tous les actes du débiteur sont opposables à ses créanciers sauf le cas toujours réservé de dol ou de fraude (art. 1167); ce n'est donc ni des héritiers du mineur, ni de ses créanciers que l'art. 1338 a entendu parler. Restent les cessionnaires, ceux à qui le mineur a expressément ou implicitement transporté son droit à l'action: ce sont eux les tiers dont l'art. 1338-3° a voulu sauvegarder les droits. — Je prends une espèce: Mineur, je vends un immeuble à *Primus*, ou je cons-

titue à son profit une servitude sur cet immeuble. Devenu majeur, je vends le même immeuble à *Secundus*, et postérieurement je ratifie la vente que j'avais faite à *Primus*, ou la constitution de servitude que j'avais consentie à son profit. Cette ratification aura-t-elle pour effet de rendre valable vis-à-vis de *Secundus* la vente de *Primus*? Non, car *Secundus* est vis-à-vis de moi un cessionnaire, je lui ai vendu l'immeuble avec tous les droits que je pouvais avoir sur cet immeuble, y compris celui de faire prononcer la nullité de la première vente ou de la servitude constituée au profit de *Primus*, et il n'est pas possible que par un fait postérieur, je puisse porter atteinte aux droits que ce cessionnaire tient de moi. (1) — Je suppose maintenant qu'après avoir consenti irrégulièrement pendant ma minorité, une hypothèque au profit de *Primus* j'en constitue une seconde régulièrement sur le même immeuble au profit de *Secundus*; puis intervient une ratification de la première constitution d'hypothèque. La ratification sera-t-elle opposable à *Secundus*? Oui, sans doute, et en effet, personnellement, *Secundus* n'avait pas le droit d'exercer l'action en nullité; d'un autre côté, en traitant avec lui, je ne lui ai cédé ce droit ni expressément ni implicitement; je n'ai pas non plus renoncé en sa faveur au droit de confirmer la première hypothèque, et dès lors, sur quoi se fonderait-il pour dire qu'il est un tiers dans le sens de l'article 1338, auquel la confirmation ne peut porter préjudice?

Ainsi, les cessionnaires seuls ont le droit de repousser une ratification qui leur serait préjudiciable;

(1) Cass. 16 janv. 1837.

à part les cessionnaires, la ratification a un effet rétroactif *erga omnes*.

89. — Voilà donc dans quels cas et sous quelles conditions la confirmation constitue une fin de non recevoir contre nos deux actions. De la confirmation rapprochons immédiatement la prescription, qui est une confirmation tacite. — Les actions en nullité ou en rescision durent dix ans, et ces dix ans ne commencent à courir, à l'égard des actes faits par les mineurs, que du jour de leur majorité; ainsi le décide l'article 1304. De l'expiration de ce délai de dix années naît, au profit du défendeur, une exception qui lui permettra de repousser l'action tardive dirigée contre lui; mais quel est le fondement de cette exception : est-ce une prescription véritable accomplie contre le demandeur, est-ce une simple déchéance résultant de l'inaction du demandeur pendant un délai préfix qui lui était accordé pour faire valoir son droit? Question vivement débattue, dont la solution cependant importe au plus haut point, car, si l'article 1304 organise une prescription véritable, les causes de suspension énumérées par les articles 2251 et suivants s'appliqueront; elles ne seront pas applicables, au contraire, s'il s'agit d'une simple déchéance. — L'article 1304, a-t-on dit, dans un système (1), accorde au mineur un simple délai pendant lequel il devra former sa demande; ce n'est pas une prescription

(1) Toullier, n° 615. — Duranton, n° 548. — Angers, 22 mai 1834 et Toulouse, 9 juillet 1859. — *Contra* : Delvincourt, sect. 7, § 2. — Vazeilles, *Prescriptions*, II, n° 572. — Marcadé, sur 1304, II. — Aubry et Rau, § 339, texte et note 2. — Colmet de Santerre, T. V., 265 *bis*, III à X. — Pau, 11 déc. 1835. — Limoges, 26 mai 1838 et 20 juin 1839. — Rej., 8 nov. 1043. — Agen, 10 janv. 1851.

véritable, et en effet, si le législateur a réduit à dix années le délai de l'action, c'est qu'il a voulu que cette action ne pût jamais durer plus longtemps. L'article 2264 montre bien, du reste, que telle a été la doctrine des rédacteurs, car, en décidant implicitement que les règles établies sous le titre XX du livre III sont inapplicables aux prescriptions particulières organisées dans d'autres parties du Code, il défend par là-même de transporter dans notre matière les dispositions des articles 2251 et suiv. Les appliquer, ce serait aller directement contre l'esprit et contre la lettre même de la loi. — Malgré ces raisons, je crois qu'il s'agit, dans l'article 1304, d'une prescription véritable, soumise à toutes les causes de suspension et d'interruption des prescriptions ordinaires; je crois notamment que le délai de l'article 1304 serait suspendu au profit de l'héritier mineur qui recueillerait une action en nullité ou en rescision dans la succession d'un *de cujus* même majeur. Que le législateur n'ait pas voulu accorder, dans notre hypothèse, une prescription de longue durée, qu'il ait trouvé suffisant un délai de dix ans, ce sont là des vérités incontestables; mais dire qu'il n'a pas voulu que le délai pût dépasser dix ans, dans les hypothèses des articles 2251 et suivants, c'est une affirmation qui demanderait à être appuyée d'arguments d'autant plus solides que la doctrine contraire, celle que je crois fondée, était suivie dans l'ancien droit (1). Or, le système que je combats s'appuie uniquement sur l'article 2264, dont la disposition ne saurait lui être d'aucune utilité, car le seul but de cet article est de montrer que les

(1) Pothier, *Procéd. civ.*, chap. VI, art. 2, § 6.

règles générales posées au titre de la prescription ne dérogent pas à celles applicables aux prescriptions spéciales dont il est question sous d'autres titres du Code.

90. — Après avoir établi son véritable caractère, voyons si la fin de non-recevoir dont nous nous occupons est applicable à tous nos cas de nullité et de rescision, ou bien si nos deux actions ne se trouveraient pas, dans certaines hypothèses, exceptionnellement soumises à la prescription ordinaire de trente ans. — On pourrait être tenté d'appliquer cette dernière prescription aux actions en nullité et en rescision des actes unilatéraux, tels que paiement, acceptation ou répudiation de succession, car les termes de l'art. 1304-1° ne se réfèrent qu'aux nullités ou rescisions des conventions. Il ne faut pas, cependant, s'arrêter à ce détail de texte. Il est certain, en effet, que, dans l'ancienne jurisprudence et sous l'empire de l'ordonnance de juin 1510, la prescription décennale était applicable aux actions en nullité et en rescision, non-seulement des conventions, mais de tous autres actes : que le législateur de 1804 n'ait pas entendu innover sur ce point, cela résulte du troisième alinéa de l'art. 1304, dans lequel le mot *actes* a été substitué à celui de *conventions* (1). — La prescription décennale couvrirait aussi, à mon sens, l'irrégularité inhérente à l'acceptation d'une donation faite sans l'observation des règles prescrites par l'art. 935, solution logique, dans le système que j'ai adopté, car si la nullité dont il s'agit est relative, si elle est susceptible d'être couverte par la confirmation, elle est

(1) V. en ce sens, Angers, 27 déc. 1815, et Grenoble, 6 déc. 1812.

aussi nécessairement prescriptible, et prescriptible par dix ans (1).

91. — Une question plus délicate est celle de savoir si la prescription de l'art. 1304 est applicable aux nullités résultant d'actes irréguliers émanés du tuteur. Il est de principe que la prescription décennale ne peut être opposée qu'aux actions en nullité ou en rescision intentées par les parties elles-mêmes ou leurs ayants-cause, que, par conséquent, elle ne peut être invoquée par des tiers étrangers à l'acte sujet à nullité ou à rescision. Or, le mineur a-t-il été partie à l'acte irrégulier passé par son tuteur? Non, car le tuteur a dépassé ses pouvoirs, il a agi sans qualité et ne pouvait, par suite, représenter son pupille. Le mineur aura donc, dans ce cas, pour demander la nullité de l'acte, le délai ordinaire de trente ans, ou plutôt il aura un délai indéfini, sauf l'effet d'une prescription acquisitive accomplie contre lui. Telle est la doctrine enseignée par quelques auteurs et consacrée par un certain nombre d'arrêts (2). — Pour moi, je ne la crois nullement fondée. Et, en effet, s'il est vrai que le tuteur ne représente plus, dans notre hypothèse, la personne de son pupille; il faut suivre jusqu'au bout les conséquences de cette idée; il faut décider que l'acte irrégulièrement passé par le tuteur est inexistant, que

(1) V. en ce sens, Toulouse, 27 avril 1861. — Cass., 5 mai 1862.

(2) Duranton, III, 598, X, 282. — Grenier, *Hypothèques*, I, 481. — Vazeilles, *Prescriptions*, II, 550. — Metz, 1er juin 1821. — Riom, 13 déc. 1823. — Bordeaux, 10 juil. 1829. — Bordeaux, 21 avril 1858. — *Contra :* de Fréminville, II, 896. — Marcadé, sur art. 1311, II. — Aubry et Rau, § 339, note 13. — Rej., 14 nov. 1826. — Riom, 8 mai 1829 et 25 mars 1829. — Cass., 25 nov. 1835. — Nîmes, 14 janv. 1839. — Rej., 7 juill. 1851. — Bordeaux, 8 juill. 1863.

la nullité peut en être proposée à toute époque par toute personne intéressée, enfin que cette nullité ne peut être couverte par voie de confirmation. Ces deux dernières conséquences du principe posé, le système adverse ne les admet pas, et il ne peut les admettre en présence des dispositions des articles 1125-2° et 1311. Que résulte-t-il de là, sinon que le contrat existe, qu'il n'est pas absolument nul, qu'il s'est formé même à l'égard du mineur, sauf à être annulé sur la demande de ce dernier. Or, si l'acte est opposable au mineur, tant que la nullité n'en a pas été prononcée, c'est assurément que le tuteur a pu encore y représenter son pupille. — Le système adverse se fonde sur une prétendue assimilation qui existerait entre le tuteur et le mandataire ordinaire. Sans doute, le mandataire conventionnel, agissant en dehors des limites de son mandat, ne peut, en aucun cas, passer un acte opposable au mandant; mais il n'en est pas de même du tuteur : institué par l'article 450 représentant légal du mineur *dans tous les actes de la vie civile*, sa qualité ne reçoit aucune atteinte de ce que les formalités prescrites n'ont pas été observées. L'omission des formalités met bien obstacle à la validité de l'acte, mais c'est là tout l'effet qu'elle peut avoir (1).

92. — Jusqu'ici nous ne nous sommes occupé que des cas dans lesquels le mineur fait valoir son droit par voie d'action. Supposons maintenant que le contrat entaché de nullité ou de lésion n'ait pas encore été exécuté; le mineur devenu majeur est resté dans

(1) Il en serait autrement, si le tuteur avait agi en son propre et privé nom. — Rej., 8 déc. 1813 et 14 nov. 1826.

l'inaction pendant le délai de l'article 1304. Actionné en exécution du contrat, après l'expiration de ce délai, sera-t-il encore à temps pour repousser la demande en se fondant sur les causes de nullité ou de rescision? Je ne le crois pas; mais ici encore, je me trouve en présence d'autorités imposantes qui enseignent la doctrine contraire. Celle-ci s'appuie surtout sur la maxime romaine : *quæ temporalia ad agendum, perpetua sunt ad excipiendum*, maxime qui serait encore en vigueur dans notre droit; je crois, au contraire, que cette règle ne doit plus recevoir application aujourd'hui. Elle avait sa raison d'être à Rome, où le défendeur devait nécessairement attendre la demande en exécution du contrat pour opposer par voie d'exception la nullité de ce contrat. Mais depuis que l'obligé peut en tout temps se prévaloir de la nullité, il n'est plus, comme sous l'empire du droit romain, à la merci de son créancier, et il n'y a plus aucun motif pour étendre la durée de l'exception au-delà de celle de l'action. Aussi l'ordonnance de Villers-Cotterets prononça-t-elle l'abrogation de la règle dont il s'agit. Le Code civil l'a-t-il rétablie? Cela me semble difficile à admettre en l'absence de renseignements précis, et ne me paraît pas, dans tous les cas, devoir résulter de ce que l'article 1304 ne parle que des *actions* en nullité et en rescision.

93. — Ainsi, à mon sens, il n'y a lieu de faire aucune distinction, quant à l'application de la règle de l'article 1304 : que l'acte soit unilatéral ou synallagmatique, qu'il émane du mineur ou de son tuteur, qu'il ait été exécuté ou qu'il ne l'ait pas été, c'est toujours par la prescription décennale que la nullité pour vice de formes ou la lésion en seront couvertes.

94. — IV. — Il ne me reste plus qu'à étudier les effets résultant de l'annulation et de la rescision prononcées. Mais auparavant, faisons une petite remarque : à Rome, il était au pouvoir du mineur d'arrêter par une renonciation les effets de la restitution prononcée sur sa demande, et de contraindre son adversaire à l'exécution de l'acte rescindé. Il ne pourrait évidemment en être de même sous l'empire du Code: le mineur devra dans tous les cas, si l'adversaire le demande, subir les effets du jugement intervenu. Or, quels sont ces effets? Comment les déterminer? — Le Code ne contenant aucune règle à cet égard, il faut appliquer purement et simplement le principe, *quod nullum est, nullum producit effectum.* L'acte annulé ou rescindé est donc considéré comme n'ayant jamais existé, il est effacé rétroactivement et par suite les choses sont remises en tant qu'il est possible dans leur état primitif, chacune des parties devant rendre à l'autre ce qu'elle en a reçu à l'occasion de l'acte. Telle est la règle qui domine notre matière, règle qui veut cependant être tempérée par l'application des principes généraux du droit.

95. — Supposons en premier lieu que l'acte n'ait reçu encore aucune exécution. L'annulation, la rescision de cet acte, auront pour effet d'éteindre les obligations auxquelles il a donné naissance : s'agit-il d'une vente, le vendeur restera en possession de l'objet vendu, l'acquéreur conservera son prix; d'un bail? la chose donnée à bail restera entre les mains du bailleur, tandis que le preneur sera libéré de son obligation de payer les loyers ou fermages; d'une transaction, les parties ne seront pas tenues d'exécuter les obligations qu'elles ont contractées, et leurs droits se

retrouveront être les mêmes qu'avant la transaction; le tout, bien entendu, sans préjudice du recours qui pourrait appartenir au défendeur condamné contre les personnes qui auraient expressément ou implicitement cautionné l'obligation du mineur. — Si, au contraire, l'acte a été exécuté, les choses ne se passeront plus aussi simplement, et il y aura lieu de faire intervenir d'autres éléments de solution.

96. — Et d'abord, le demandeur triomphant qui, selon la règle, doit restituer ce qu'il a reçu, n'est tenu à cette restitution que jusqu'à concurrence de ce dont il s'est trouvé enrichi au moment où il a intenté son action ou à l'époque de la cessation de son incapacité, si l'action a été formée seulement après cette époque (art. 1312); ajoutons que, d'après les principes généraux en matière de preuve, il appartient à la partie adverse de prouver que la chose remise par elle entre les mains du mineur a tourné à son enrichissement. — Ainsi, le mineur qui a perdu ou dissipé le prix d'une vente consentie par lui, les deniers qui lui ont été prêtés, le capital qui lui a été remboursé, n'aura rien à restituer, et cette solution, du reste, se justifie pour ainsi dire d'elle-même, puisque l'adversaire devait prévoir au moment de l'acte les conséquences malheureuses auxquelles pourrait donner lieu l'inobservation des règles prescrites. Mais, le motif même sur lequel se fonde cette restriction, montre bien qu'elle est inapplicable lorsqu'il s'agit de l'annulation d'un acte irrégulier passé par le tuteur. Le tuteur a vendu sans accomplissement de formalités un immeuble pupillaire et il a touché le prix de la vente; y a-t-il lieu de rechercher si le prix a tourné à l'avantage du mineur? Non, car si le tuteur n'avait pas qua-

lité pour vendre, il avait du moins qualité pour toucher le prix. Les deniers ont été perdus ou employés en mauvaises spéculations, peu importe, c'est une affaire que le mineur démêlera avec son tuteur : quant à l'adversaire, il peut toujours dans ce cas exiger la restitution intégrale de la somme qu'il a payée.

Passant au défendeur, nous trouvons que, pour lui aussi, il est une hypothèse dans laquelle il peut n'être pas tenu de rendre la totalité de ce qu'il a reçu, je veux parler du cas où la restitution est obtenue contre un autre mineur. Il faudra bien ici que le demandeur se contente du remboursement de ce dont s'est enrichi le défendeur, car, s'il n'en était pas ainsi, celui-ci exercerait à son tour un recours pour lésion contre son adversaire, et il s'établirait par suite entre le demandeur et le défendeur, un véritable circuit d'actions. — Sauf l'exception que je viens de signaler, il est vrai que le défendeur doit toujours restituer tout ce qu'il a retiré du contrat.

97. — Prenons, pour mieux suivre les effets de l'annulation et de la rescision entre les parties, deux hypothèses spéciales, celle de la rescision du bail d'une maison, consenti par un mineur, et celle de l'annulation d'une vente d'immeuble passée sans observation des formalités requises. Dans la première espèce, la jouissance du preneur cesse pour l'avenir; quant au passé, le bailleur est admis à réclamer le paiement d'une somme égale à la différence entre le prix du bail et celui qui aurait dû être stipulé pour qu'il n'y eût pas lésion, et même une somme plus considérable si, remis entre les mains du mineur, les loyers ont été dissipés par lui. — S'agit-il de l'annulation de la vente irrégulière, l'acquéreur doit resti-

tuer avec l'immeuble les fruits qu'il a perçus depuis le jour de la demande ou depuis l'époque de la vente, s'il les a perçus de mauvaise foi, puis il doit indemniser le vendeur des dégradations occasionnées par sa faute, mais il n'est pas tenu des dégradations résultant d'événements casuels ou imprévus, ni de la perte totale de l'immeuble, arrivée par cas fortuit. De son côté, le vendeur doit payer à l'acheteur les intérêts du prix correspondants aux fruits restitués; il doit en outre rembourser les impenses nécessaires, et la plus-value résultant des impenses utiles faites par l'acquéreur, mais il n'est pas tenu de faire compte des frais et loyaux coûts du contrat. — L'acquéreur aurait du reste le droit de retenir l'immeuble, tant que le vendeur ne se serait pas exécuté (arg. de l'art. 1673.)

98. — Voilà pour les effets de l'annulation et de la rescision *inter partes*; comment la situation se règle-t-elle vis-à-vis des tiers? — Activement, ainsi que je l'ai dit, l'annulation ou la rescision de l'obligation du mineur, ne peut ni être demandée par ses codébiteurs solidaires ou autres, ni même leur profiter; mais passivement, les conséquences de l'action en nullité ou en rescision, réfléchissent contre les tiers, chaque fois qu'ils ne peuvent les écarter en invoquant une fin de non-recevoir qui leur soit personnelle. — Par application de cette règle, la rescision d'un paiement fait revivre les obligations acc[illegible]res des personnes qui avaient cautionné la dette, les hypothèques qui la garantissaient. — Comme conséquence de la même règle, sont nuls comme émanés d'une personne qui n'avait pas qualité pour agir, les actes d'administration ou d'aliénation, passés par l'héritier appelé à la succession par suite d'une renonciation annulée

pour vice de formes, si l'héritier qui a fait prononcer cette annulation a ensuite accepté la succession. Cependant l'acquéreur de biens héréditaires pourrait repousser la revendication dirigée contre lui, en invoquant la prescription acquisitive accomplie à son profit, et le débiteur qui s'est libéré entre les mains de l'héritier évincé, pourrait de son côté être admis à prouver que le paiement a été fait de bonne foi à celui qui était en possession de la créance (art. 1240). — Enfin, en appliquant notre règle à l'annulation de la vente d'un immeuble, on obtient les résultats que voici : cette annulation a pour effet de faire tomber tous les droits réels (droit de propriété, servitudes, hypothèques) concédés par l'acquéreur sur l'immeuble, et même les droits personnels de jouissance (baux) établis par lui sur le même immeuble. On ne peut en effet se refuser d'étendre à tous les droits réels et aussi aux droits de jouissance, ce que l'article 2125 dit des hypothèques : « Ceux qui n'ont sur l'immeuble qu'un droit sujet à rescision, ne peuvent consentir qu'une hypothèque soumise à la même rescision. » — Je me hâte toutefois d'ajouter qu'ici encore, le sous-acquéreur serait admis à se prévaloir de la prescription acquisitive accomplie à son profit.

99. — Les lignes que je viens de consacrer à l'examen des effets de l'annulation et de la rescision ont épuisé mon sujet, et pourtant, je n'ai rien dit de la nullité sous laquelle tomberaient certains actes, la donation par exemple ou le compromis, passés soit par le mineur, soit par son tuteur. C'est qu'en effet, cette espèce de nullité est complétement étrangère à ce travail : elle frappe les actes signalés, par cela seul qu'ils ont été passés et parce que ces actes sont in-

terdits à raison même de la minorité; mais, cette nullité n'a rien de commun avec la lésion, elle n'est pas non plus une nullité de formes, or c'est dans l'étude des actions en rescision pour lésion et en nullité pour vice de formes que j'ai cru devoir exclusivement me renfermer.

---

# POSITIONS.

## DROIT ROMAIN.

I. Le mineur de 25 ans, pourvu d'un curateur général, resta capable de s'obliger jusqu'à ce qu'une constitution de Dioclétien, insérée au Code de Justinien (l. 3 II. 22) lui eût enlevé cette faculté.

II. Le mineur, fils de famille, ne peut obtenir la restitution contre l'emprunt à titre de *mutuum* qu'il a contracté sur l'ordre de son père.

III. Lorsque, pour faire disparaître la lésion dont il se plaint, le mineur a à sa disposition tout à la fois la demande en restitution et l'action *tutelæ*, il a toujours le choix entre ces deux moyens.

IV. La restitution ne peut être demandée par les coobligés du mineur, solidaires ou autres.

V. La constitution de Justinien qui forme la loi 3. Cod. II. 47, n'a pas donné compétence en matière de restitution, au magistrat municipal.

VI. La restitution ne peut être prononcée que par voie de *cognitio prætoria*, dans l'hypothèse de la vente préjudiciable faite par un mineur d'une chose qui lui avait été déposée, louée ou prêtée à titre de commodat.

VII. Le mineur de 25 ans qui a obtenu la restitution contre une obligation par lui contractée, reste tenu d'une obligation naturelle.

## DROIT FRANÇAIS.

I. Les actes autres que ceux soumis à l'accomplissement de formalités spéciales sont, lorsqu'ils ont été passés par le mineur non émancipé seul, simplement rescindables pour lésion.

II. Les actes passés par le tuteur dans la limite de ses pouvoirs, sont inattaquables.

III. Est nul en la forme et non pas seulement rescindable pour lésion, le contrat de mariage passé par le mineur sans l'assistance des personnes qui avaient qualité pour consentir au mariage.

IV. Les créanciers peuvent, en vertu de l'art. 1166, demander la nullité ou la rescision d'un acte passé par leur débiteur mineur.

V. La nullité résultant de l'inobservation des formalités prescrites pour l'acceptation au nom du mineur d'une donation à lui faite, est relative; le donateur ne peut, en conséquence, opposer cette nullité.

VI. Le délai fixé par l'art. 1304 est une prescription véritable, soumise aux règles et par suite, aux causes de suspension, des prescriptions ordinaires.

VII. La prescription décennale de l'art. 1304 est applicable aux actes passés par le tuteur.

VIII. La règle *quæ temporalia ad agendum, perpetua sunt ad excipiendum* n'existe plus dans notre droit; l'art. 1304 a limité la durée de l'exception aussi bien que celle de l'action.

## DROIT PÉNAL.

I. L'aggravation de peine qui résulte d'une qualité personnelle à l'auteur principal d'un crime, ne doit pas être étendue aux complices.

II. Une circonstance ou une qualité personnelle au complice ne peut aggraver sa culpabilité légale et le soumettre à une peine qui ne pourrait atteindre l'auteur principal.

## DROIT COMMERCIAL.

I. L'autorisation de faire le commerce, donnée au mineur ne peut être révoquée qu'indirectement.

II. Le mineur autorisé à faire le commerce ne peut valablement contracter une société commerciale avec des tiers.

## DROIT DES GENS.

I. Les crimes et délits commis par qui que ce soit et contre qui que ce soit à bord des navires de guerre étrangers, mouillés dans nos ports ou dans nos eaux territoriales, doivent être traités comme s'ils avaient été commis hors de France.

II. Commis sur un navire de commerce étranger, les délits de service ou de discipline, les crimes ou délits de droit commun, entre gens de l'équipage seulement, doivent être laissés à la jurisprudence de l'Etat étranger, toutes les fois que le secours de l'autorité locale n'a pas été réclamé ou que la tranquillité du port n'a pas été compromise.

## DROIT COUTUMIER.

I. Dans le droit du dix-huitième siècle, le mineur n'était pas restituable contre les actes d'administration passés par son tuteur.

II. A partir du seizième siècle, les actes passés par le mineur de 25 ans, sans aucune assistance, furent simplement rescindables pour cause de lésion.

III. Le mineur qui, dans l'ancien droit, intentait une action en nullité pour vice de formes, n'avait pas à se pourvoir au préalable de lettres royaux; il portait son action directement devant le juge.

Vu par le président de la Thèse,
J. B. LABBÉ.

Vu par le Doyen de la Faculté,
G. COLMET-DAAGE.

Vu et permis d'imprimer :
*Le Vice-Recteur,*
A. MOURIER.

# TABLE

## DROIT ROMAIN

# DE LA RESTITUTION DES MINEURS DE 25 ANS

Pages.

## DROIT FRANÇAIS

# DES ACTIONS EN NULLITÉ POUR VICE DE FORMES ET EN RESCISION POUR LÉSION DES ACTES INTÉRESSANT LES MINEURS

www.ingramcontent.com/pod-product-compliance
Ingram Content Group UK Ltd.
Pitfield, Milton Keynes, MK11 3LW, UK
UKHW012028240726
13965UKWH00002B/635